直面
心理治疗
系列

王学富 ——— 著

医治
的
心

全 国 百 佳 图 书 出 版 单 位
APGTIME 时代出版传媒股份有限公司
时代出版   安 徽 人 民 出 版 社

图书在版编目（CIP）数据

医治的心 / 王学富著 . -- 合肥 : 安徽人民出版社 ,2022.5
ISBN 978-7-212-11449-7

Ⅰ . ①医… Ⅱ . ①王… Ⅲ . ①心理辅导 Ⅳ . ① B849.1

中国版本图书馆 CIP 数据核字 (2022) 第 050315 号

医治的心

Yizhi De Xin

王学富　著

出 版 人：杨迎会　　　　　　责任编辑：郑世彦　程　璇
责任印制：董　亮　　　　　　装帧设计：陈　爽

出版发行：安徽人民出版社 http://www.ahpeople.com

地　　　址：合肥市政务文化新区翡翠路 1118 号出版传媒广场八楼

邮　　　编：230071

电　　　话：0551-63533258　0551-63533259（传真）

印　　　刷：合肥创新印务有限公司

开本：880mm×1240mm　1/32　　印张：9.25　　字数：170 千
版次：2022 年 5 月第 1 版　　　2022 年 5 月第 1 次印刷

ISBN 978-7-212-11449-7　　　　定价：49.80 元

推荐序
"感通"直面

其实,我与王学富认识不久。在上海,我们见过几次面,后来我到南京参观过他的直面心理咨询研究所,感受到他的专业品质与踏实做事的精神。春节期间,我到学富在南京的家里跟他聚谈。在他家门前有一个湖,早晨起床,我们绕湖散步,边走边谈,走了一圈,还不尽兴,再走一圈,如是而三。

学富把他的书稿——就是你现在读到的《受伤的人》《成长的路》《医治的心》——寄给我,让我写一个序。他之所以找我写序,不是因为我是复旦大学教授,也不是因为我在心理学界有多高声誉,而是他觉得我颇能与他"感通"。

目前，学富正在跟国内外心理学界的同人一起筹备首届存在主义心理学国际大会。前不久，他给我寄了一些南京直面心理咨询研究所编印的《直面报告》，其中有一些介绍存在主义心理学的文章。我读了之后，在电话里对他说："存在"这个词是西方的，中国人不容易理解，但中国人可以通过"直面"来理解"存在"。我这话一说，学富大为惊叹。

　　学富十几年前到厦门大学教书，后来到国外学习心理学，十余年潜心于心理咨询实践，不显山，不露水。跟他接触多了，我便知道，他是国内真正懂心理咨询的人，因为他是真正做心理咨询的人，思想层面高，专业经验丰富。我对他说：在中国，人才并不只在高校，民间也大有才俊。学富听了这话，感而叹之：我是一棵树，在原野上才能更充分长大。

　　我与学富的谈话多集中在心理咨询方面。有一次，学富提到他有时用"何毕"这个笔名写文章，我立刻感到这个笔名中的意味，这应该出自他长期从事心理咨询而对生命发出的一种感慨：生命成长中有许多伤害，有许多人受了伤，会长期待在伤害里，在理性、情感、行为上都受到遮蔽，以至于陷入自迷的状态。学富一声"何必"，其中真是充满了同理。学富听了，十分惊叹，觉得我对他颇能"感通"。而说到"感通"，学富又提到，这正是他与朋友在上海合作成立的一个文化传播公司的名字，其中又融汇了来自心理咨询经验的感慨。我说：心理咨询的效果在于咨询师与当事人之间的感通。学富惊叹，说我和他之间又发生了感通。同时，我又提及"感通"与荣格的关系。学富更加惊叹，荣格心理学里有一个词叫 synchronicity，在他看来，译成中文应该就是"感通"。

我读学富写的这几本书，内心有了更多跟他相互感通之处。《受伤的人》一书中提出了一个新的词汇，就叫"受伤的人"。这个词汇有丰富的内涵，拓展了我们对心理咨询的理解：心理症状的根源是伤害，而心理咨询的本质是对伤害的医治。谈到这些，我跟学富有许多共同的感慨，特别是家庭关系模式与生命成长的重大关系。例如，健康的母子关系为孩子的成长提供了最好的资源，而不健康的母子关系，却给孩子成长带来最深的损害。谈到有些母亲出于无意识的"母爱"，长期控制孩子，过度保护孩子，学富说了一个词叫"共生体"，我深以为然。

再说《成长的路》，其中有许多篇章是谈生命如何在伤害中经历成长。学富在他多年心理咨询实践里发展出一个基本的信念：虽然曾经受伤，依然可以成长。在我们的谈话中，学富谈到他从事心理咨询十余年的两大感慨，其一，生命成长何等不易！一个人在成长过程中要受到许多因素的阻碍、伤害，最可悲的是，最深的伤害和阻碍往往来自最亲的人。其二，成长的渴望何等强烈！虽然一个人在世界上会受到这样、那样的阻碍和伤害，但他内心里有一个强烈的成长渴望，只要有一点机会，有一缕光亮，有一个缝隙，这个渴望就会冒出来，要求当事人坚持成长，长成自己。因此，《成长的路》中充分描述的一个基本情况是：心理障碍是一个人生命受损、成长停滞的状态，而心理咨询全部的工作就是医治生命，助人成长，让一个人有空间、有机会改变，获得更充分的成长，不是追求完美，而是活得完整。"不是完美，而是完整。"——这句话就贴在直面心理咨询中心的墙壁上，我去直面参观时，跟学富在这句话前面伫立良久，内心有感通，却未说出来。

《医治的心》中有许多篇章是谈心理咨询师的成长。在心理咨询领域，人们常引用一句古语：工欲善其事，必先利其器。心理咨询师便是这"工"，心理咨询便是他的"事"，要做好心理咨询，就必须有利"器"，就是有好用的工具。心理咨询师的工具是什么呢？就是他自己的生命本身。心理咨询师的生命成长，便是一个"利其器"的过程。在这本书里，学富提到一个词语——医治者。这个词汇可能来自路云（Henry Nouwen）的《受伤的医治者》，其内涵也是一样的。一个心理咨询师要成为一个真正的医治者，不仅需要专业的训练，还需要有真正的生命品质，而这生命品质中最根本的部分，就是一颗医治的心。而且，本书谈的是在中国文化背景下，成长为一个"医治者"，需要真正了解我们的文化，既看到其中损害的因素，又发现其中医治的资源。非常重要的是，涉及医治，它不只是针对个体的，我们的民族经历了许多灾难，内部积留了许多创伤，这也需要得到医治，而且必须长期而深度地医治。不然的话，那些内部的伤害会成为一个民族不自觉的暗中阻碍，会导致更多的灾难。在这一点上，我跟学富之间有更多的感通。

最后，从这些书里，我充分看到，王学富是从经验里造就出来的，他本身具有医治者的素质，又善于自我分析、自我体验，从而获得了自我觉察。同时，学富有很强的使命感，他善于对心理咨询的经验进行反思与总结，从中提炼出精华的东西，并且有意识地去探索中国本土的心理学资源，发展他所说的"直面分析方法"。在我看来，他的"直面"颇有"存在"的意味，却不等同于西方的"存在"，他的"分析"与荣格有所感通，但也不同于荣格的"分析"。"直面分析"是中国的，其中有鲁迅的思想，有中国文化的智慧，有中国精神的品质，更是在心理咨询室里长期跟中国的求助者进行深入密切的接触经验里建立起来的。有了《受伤的人》《成长的路》《医治的心》，"直面分析"就有了一个丰富的经验基础。我欣喜地看到，心理咨询在中国发展了二三十年之后，我们有了这些具有专业品质的书，它们体现了我们的观念，更反映了我们自己的经验。我们可以跟世界进行平等的交流，讲述我们的中国经验。

我愿意负责任地推荐这几本书：它们可以成为大学心理学专业本科生、研究生必读的书，可以成为心理咨询师要读的书，可以成为中国社会中许多父母要读的书，可以成为每一个寻求自我成长的人要读的书。

学富对我说，他目前正在撰写另一本书，用以全面展示"直面分析心理学"的观念与方法，我也在期待着。

孙时进

教授

复旦大学心理研究中心主任

前　言
直面的经验

　　我的三本书《受伤的人》《成长的路》《医治的心》马上就要出版了。它们反映的皆是直面的经验，而我要写的自序，也不过是"经验"之谈。二十年来，我潜心于心理咨询实践，得到的便是这些经验。一直记得荣格说的一段话："尽你所能去学习你的理论，但当你接触到人活的灵魂的奇迹时，就要把它放下。除了你自己有创造性的个人经验，没有任何理论可以决定一切。"

　　我相信，心理咨询师是从经验里走出来的，他的专业品质是在经验里磨砺出来的。也正是因为有了这些经验，我越来越理解我的求助者，越来越理解我自己，越来越理解那些在心理学中真正有所创导的心理学家们。

我知道我们在做什么，以及我们所做的意味着什么。

人们常常讲到咨询师与当事人的关系，我的感受是：我是被一个个来访者喂养长大的咨询师，又转而去喂养一个个来访者，让他们长大。就在这个过程中，我正在成为自己，同时帮助来访者成为自己。

每个人都在努力成为自己。心理症状反映的实质是人受到伤害和阻碍，以至于不能成为自己，便在成长的路上停了下来，在那里挣扎着。而心理咨询便是咨询师愿意投身于来访者的生命，跟他们一起战斗，帮助他们重新踏上成为自己的路——虽然受伤，依然前行。

我以两个"投身"鼓励自己：投身于服务他人，投身于捍卫自己。而这两个"投身"，也贯彻在我的心理咨询实践之中，我所做的一切，可以说是在帮助我的来访者实现这两个"投身"。在我个人成长的经验里，那些影响着我心灵的伟人，就是通过投身于他人，从而更加充分地实现了自己。

曾经看过一个电影，叫《西线无战事》。看的时候，我的头脑里出现一个意象：我是一个战士，是从心理咨询的前线来的，是从十年枪林弹雨的经验里爬出来的。人们称我为"专家"，我自以为是一个"老兵"。这些年来，我做心理咨询，讲心理咨询，写心理咨询，其最深的激励就是看到许多人经历了医治和成长。

心理咨询来自西方，源于对生命个体的关注，后来发展成为系统的专业。现在，心理咨询在中国已经很普通了。这些年来，我们尝试了解西方心理学，译介、吸收他们的专业资源，并且开始在自己的文化环境从事心理咨询，并把自己的文化资源带入到我们的实践中，渐渐地，我们有了自己的经验。你读到的这几本书，便出自我心理咨询的实践，是我对直面心理学实践经验的总结与反思，每月一篇，持续写了八年。

在这些书里，你能读到这些：它们反映的是中国人的心灵经验及其文化根源；我们在消化西方心理学的同时，坚持探索自己的心理学；我们懂得自己的文化，理解中国人的心理，了解他们心理困难的根源，并且在探索和发现我们文化本身的救治资源方略。这些书中的经验，也是对中国人心灵存在状态的一种直面分析，它们正在形成我们的"直面分析方法"，从本质上来说，是中国式存在主义心理治疗。当我们有了自己的经验，我们就可以用这些经验去跟世界对话了。

最后，这些书之所以能够出版，要感谢的人很多：我首先要感谢我的来访者们，他们愿意把自己生命中最真实而宝贵的经验跟我分享，允许我用文字的形式把它们变成对其他人成长有益的心灵资源。感谢二十年来跟我一起在专业实践上不断探索的直面心理研究所的同事们。感谢我所尊敬的郑红大姐和孙立哲兄长的鼓励与支持，感谢出版社编辑的辛劳，感谢孙时进教授写的推荐序。

王学富
南京直面心理咨询研究所所长

目 录
CONTENTS

成长的愿

生命的本质是成长，成长的
目标是成为自己。

蒋敏为何不快乐

　　在面谈室里，我面前坐着一个非常美丽的女子，就叫她蒋敏吧。蒋敏 28 岁，毕业于名牌大学，获得硕士学位，在一家企业做高级会计师。坐在她身旁的，是她的丈夫，年轻英俊，思维敏捷，在一个大学做讲师。蒋敏的父亲是企业老总。蒋敏新婚，在这个城市拥有一幢顶极住宅，装修得如同宫殿，她与丈夫都开高档汽车……

　　在许多人眼里，蒋敏应该是生活中最快乐的人，但蒋敏说，她一点儿都不快乐。

　　拥有这么多快乐的条件，蒋敏说自己不快乐，也没有人相信。

　　对于一般人来说，看到别人的条件比自己差，会感到快乐一点，但蒋敏不是这样。在最近一次面谈中，蒋敏告诉我说，她想辞职，原因是害怕"触景生情"。我后来才弄明白，她所谓的"触景生情"是指她每天上下班的路上，都会看到清扫马路的环卫工人，内心里觉得不如他们："看到他们活得那么开心，我自己一点儿都不开心，跟他们相比，我觉得活下去都没有什么意思。"

有了丰富的生活阅历，做了多年的心理咨询，我总看到生活中有这样的情形：穷人中有快乐的人，富人中有不快乐的人。也有不快乐的穷人，以为一旦有钱了，就会快乐起来；有些不快乐的富人，发现金钱越多，快乐越少，想回到过去物质贫乏的生活中，找回失掉的快乐。就像蒋敏，自身有许多快乐的条件，却感受不到快乐；而像环卫工人，本来也没有什么好的物质条件，却能够快乐。

那么，是什么让环卫工人快乐，让蒋敏不快乐呢？

显然，不是外在的条件，因为，条件好，可以快乐，也可以不快乐；条件不好，可以不快乐，也可以快乐。

那么，这个不依赖于外在条件却又在暗中起着关键作用的东西到底是什么呢？

人的内部有一种感受力，可以感受各种事物，从而获得各样的情绪体验，包括快乐。一个人出生之后，就要在生活中经历成长。我们的基本发现是，如果一个孩子在成长过程中感受到充分的快乐，他的内部就会生发出感受快乐的能力。这种能力的发展，并不依赖物质条件，它可以在贫穷的生活环境里生发出来，也可以在富足的生活环境里生发出来。不管生活在怎样的环境里，孩子都可以通过以下活动获得快乐：跟同伴玩耍，参与游戏，探索事物，尝试做事，跟自然相处，阅读，包括犯一些幼稚的错误……所有这些都会在孩子内心里累积成快乐的资源，培养出对快乐的感受力。

那些自幼感受到更多快乐并且发展出感受快乐的能力的人，更爱生活，也更珍惜自己。他们的生命如同一棵树，扎根很深，能够承受生活的暴风骤雨。

考察各类心理症状，我们会发现它们有一个共同的情绪，就是不快乐，而且不管怎样，都不快乐。这往往源自当事人自幼在生活经验上受到太多保护，又在某个方面（如学习、礼貌等）受到过度强求，从生活中获得的快乐太少，感受快乐的能力受到削弱甚至摧残，以至于他们在现实中不管拥有多少快乐的条件，也不感到快乐。这样的人，不大爱生活，也不大爱自己，他们活得不真实，生命根基很浅，在生活的风雨中显得飘摇不定。

蒋敏感到不快乐的根源是怎样的呢？

谈话中发现，蒋敏自幼受到父母过度保护，一切由父母安排，所有她力所能及的事，都被父母包办代替。从小到大，她不用做任何事情，不用做任何决定，包括跟同伴交往，都受到父母（尤其是母亲）的严格审核和掌控。可以这样说，蒋敏的生活完全是按照母亲的设计进行，她的整个生活环境简直就是母亲安装起来的一个保护网，她走到哪里，保护就延伸到哪里。母亲反复说："你应该活在我们的保护之下。"母亲几乎把所有的精力都用在女儿身上，对女儿的一切明察秋毫，包括班上哪个男生对女儿有意思，蒋敏自己都毫无觉察，她的母亲却一清二楚。从小到大，蒋敏唯一能决定的，就是按部就班地顺着母亲的安排去生活。

大学毕业之后，蒋敏一度出现情绪问题，母亲立刻安排她去精神病院住院，长期接受药物治疗。几年来，母亲督促和监督蒋敏吃药，但药物没有让蒋敏快乐起来，反而使她更加低落。对于蒋敏的母亲来说，药物成了她保护和控制女儿的新手段。

蒋敏的婚姻，也是出自父母的安排。母亲看上一个优秀的年轻人，经过反复验证，觉得可以把女儿托付给他。于是，父母为蒋敏购置豪宅，安排这对新婚的年轻人住进装饰得如同宫殿一般的新房。举办婚礼这天，母亲对新女婿说："我现在不是她的监护人了，你现在是她的监护人了。"在母亲的眼里，蒋敏永远是一个需要监护的孩子，而丈夫就成了母亲选定的继承人。但母亲说这话，并不意味着她自此要放手了。事实上，女儿的家成了她的保护与控制的延伸。

据蒋敏讲述，她从小到大，几乎没有自己的意愿，没有自己的选择，甚至没有犯过任何错误，因为一切都是被安排的——用现代流行的话来说，蒋敏一直都在"被生活"，她的生活被一个强大的母亲取代了，她没有自己的生活，也发展不出真实的自我，因而感受不到真实的价值与快乐。

事实上，蒋敏的母亲也没有自己的生活，这些年来，她一直跟女儿捆绑在一起，形成一种共生体性质的依赖关系。在面谈过程中，蒋敏慢慢获得了这样一种觉察：她的母亲自幼失去父母，寄养在别人家里，靠拼命做事来获得一隙生存的空间。回忆起自己的身世，母亲流泪道："如果有来生，也让我尝一下被父母爱的滋味……"这是我们在辅导中经常遇到的情况：蒋敏的母亲是一个自恋型的母亲，因为自己缺乏母爱，就把过度的母爱施加到蒋敏身上，表面上看，她在爱自己的女儿，事实上却是在追求一种潜意识的需求满足——借着对女儿过度的爱来补偿自身遭遇的母爱空缺。真正的母爱，是有意识的爱，它有一个明确的目标，就是把爱的对象培育成为独立的、有关爱能力和责任能力的个体，但潜意识的母爱，往往是自恋性的爱，它表现为母亲把孩子当成自己生命的延伸，用过度保护的、控制的、包揽性的教养方式对待孩子，不允许孩子成为自己，过独立的生活。

但在蒋敏的内心里有成长的渴望，她想成为自己，过自己的生活。为此，她甚至愿意到生活中去经历合理的艰辛，从而慢慢获得成长的经验，发展对快乐的感受力。当然，生活总有艰难，蒋敏有时难免会有畏难情绪，她想逃避，想躲回到过去被保护的状态里。这时，蒋敏的父母需要支持她在生活中前进，而不是退回到家中。然而，当蒋敏因看到环卫工人的快乐而产生了辞职的念头时，她的母亲竟然高兴地拍掌叫好："这下好了，我退休了，你就可以天天陪我上街买衣服了，这样多快乐呀。"父亲也说："我们辛苦一辈子，挣了这么多钱，就是为了让你享受快乐，不要再去工作了。"在这对父母看来，他们的女儿之所以不快乐，是因为她的压力太大，如果她辞职了，压力就没有了，就可以享受生活了，就能变得快乐起来。

但蒋敏的父母不知道，他们这样做，是在进一步取代蒋敏的生活，也会进一步消解她内心要求改变与成长的动机。如果蒋敏辞职了，她就跟生活脱离了，回到父母的保护下，过依赖的生活，不能通过职业发展和社会交往获得价值感与快乐，她的婚姻关系也会受到影响。最终，蒋敏会彻底放弃自己。谈到辞职之后的生活，蒋敏说："想吃就吃，想睡就睡，也不想这么多了，我觉得绝望了，过多久是多久，过不下去就死……"这使我想起荣格和弗兰克尔的一个论断：人活着是为了追求意义！如果过这样的生活，蒋敏的意义何在？

蒋敏的父母奋斗了一生，现在可以安然享受奋斗而来的成果，但他们不知道，他们的女儿也需要去创造自己的生活，然后享受自己的生命成果。然而，就像生活中许多经受过太多磨难的父母一样，他们通过自己的努力，创造了许多好的条件，然后试图用这些条件去免除孩子在生活中经受合理的受苦，用自己的经验取代孩子的经验，用自己的生活覆盖孩子的生活，而这样实际是剥夺了孩子的成长机会，结果让孩子失去了感受快乐的能力，从此变得不快乐。

蒋敏的父母不明白：如果一个人没有自己，她怎么感受快乐呢？如果一个人没有自己的生活，她怎么可能感受生活的快乐呢？

在生活上，蒋敏的父母对女儿过度保护、包办代替，但在学习上，他们对孩子却有过多的期待与要求。在蒋敏的讲述中，学习是她青少年时期的全部生活。在她的成长过程中，生活没有留下空间让她感受快乐，她对快乐的感受力也不断受到压抑和削弱。从小到大，蒋敏一直在生活的表面上奔逐、竞争，要在知识上胜过他人，要取得最好的成绩。她习惯于背诵知识，习惯于题海战术，她的记忆力很好，考试总得高分。但她的思考力却没有发展出来，标准答案局限了她的思维——应试的学习不需要有真正的理解，只需要记住答案就行。蒋敏反思道："我能很快把知识背下来，考试分数很高，但过一阵儿就把知道的忘掉了。要想成绩好，就是多背诵，多做题，寻找标准答案，不必理解，无须知道学这些干嘛，只是为了考试，考更高的分数。"学校记录了蒋敏的光彩历史：成绩好，读名校，到处引人注目，受人追捧，也因为这样，蒋敏从生活的上空飞掠而过——她获得了知识上的成功，却失去了经验上的成长。

在蒋敏的生活环境中，所有的父母都把她看作成功的典范，前来向她母亲取经，想把他们的孩子培养成另一个蒋敏，但蒋敏自己内心里却有苦说不出，说出来也没有人会相信。当今的时代，许多家长太过在乎孩子的成绩，不大去管孩子是否快乐。他们想让孩子"先苦后甜"，却不知道，不适当的"苦"会让孩子丧失感受"甜"的能力，等到苦尽甘来，他们依然感到很苦。对这样的家长来说，像蒋敏这样读名校，做白领，住豪宅，开名车的人，谁会相信她的生活是有问题的呢？谁会相信，一个生活条件如此优越的人，内心会有这么多的苦楚呢？谁会相信，一个毕业于名校的硕士、一个企业的高管，内心的自我却是一个幼小的孩童，让她一味排斥人生的真相，拒不接受生活的艰难，四处寻找想象中的童话世界，逃避长大呢？

蒋敏不快乐，背后有很深的根源：她缺乏对生活的基本观察，缺乏对自我的基本觉察；她眼中所看到的，只是生活呈现出来的浮表部分，不能走到关系的深处，不能进入生命的感受，她的自我被囚禁在各样条条框框形成的牢笼中——那里没有对生命整体的理解，只有知识的碎片在进行着某种组合。因为长期被强迫（甚至自己都感觉不到强迫了）学习，经受知识化、标准化的教育，用死记硬背代替思考，从题海战术里拼杀过来，蒋敏的头脑中形成的思维定式就是寻求标准答案。如果在生活中找不到标准答案，她就不让自己快乐。对蒋敏来说，生活不过是一个要完成的程序，要履行的义务，那里只有"应该"，没有"快乐"。因为不能从生活中感受到真实的快乐，她会寻找虚渺的体验，以为快乐就是某种极乐的状态，这就如同一个人寻求各种形式的自我迷醉：长生不老药、成瘾行为、催眠、物质主义、极端主义的宗教……

在我们这个时代，当生活变得越来越表面化和功利化，当许多父母拼命在现实中累积快乐的条件，不惜损害孩子内心对快乐的感受力时，就更需要提醒一下：一个人过得快不快乐，不是看他有多少快乐的条件，而是看他是否有感受快乐的能力。

在蒋敏身上我们看到一个鲜明的对照：拥有天堂般的条件，却陷入地狱般的痛苦。真正的根由是，她对快乐的感受力受到损伤，以至于长期陷入不快乐的状态里。蒋敏的母亲把她送到精神病院，被诊断患有抑郁症，自此开始长期吃药。但是，没有任何药能够给人带来真正的快乐，除非她内心里发展出感受快乐的能力。这种能力，是在生活经验里培育出来的。心理成长的根本途径是通过"生活化"进程发展出真正的"感受力"，好的教育就是推动每一个走进自己的人生经验，充分发展出感受生命快乐与价值的能力。这也符合陶行知先生的"生活即教育"的理念。

幸好蒋敏有了自己的反思与觉察，她说："到现在，我的生命还停留在小学四年级。因为从小学四年级开始，我过的就是到处上课的生活，没有干过一件让自己快乐的事情。"

我说："你长期感到不快乐，是你为单向追求知识和受到过度保护而付出的代价。现在你要准备好还债——让自己投入生活，在生活的艰难中经历成长，才会做真正的自己，感受到真正的快乐。"

从天堂来的孩子

　　一个孩子，成绩好，长得好，又听话，谁不希望有这样的孩子？但在直面的面谈室里，司空见惯的是好孩子的父母（大多是母亲）在流泪。他们实在弄不明白：为什么，这么好的孩子……

　　读大学之前，孩子什么都好，处处为人称道，父母感到无比自豪。但到了大学，他们却出现适应问题——感到失落，丧失自信，生活没有目标，学习没有动力，跟同学交往存在严重的困难，总是一个人独来独往，脱离现实，沉溺于网游世界，导致几门课不及格，面临降级或被勒令退学。

　　考察他们的成长经历，存在这样一些共同的特点：在成长过程中，母亲往往过度照顾与保护，父亲跟孩子较为疏远；孩子在过于单纯的生活环境中长大，对父母过于依赖；他们几乎把所有的时间用来学习功课，很少跟同伴交往，缺乏生活经验，心灵单纯，思维单一，纯洁得如同从天堂而来，跟人交往容易受到挫伤。这样的孩子，我称为"从天堂来的孩子"。

下面具体谈一谈"从天堂来的孩子"为什么会出现问题，算是对天下父母（以及教育工作者）的一个提醒。

成绩好

成绩好本是好事，但是，如果父母以为成绩好就是一切，孩子也这样想，那就可能导致问题。许多父母不知道，孩子后来出现的问题，是他们只求成绩好（不顾其他）而付出的代价。因此，他们的问题成了一种提醒，他们需要为自己成长中缺失的环节补一补课啦。

从小到大，在这些孩子身上，成绩好成了太耀眼的光环，他们仿佛被赋予了某种特权，可以免除同伴必须经受的艰难，而这些艰难被称为"合理的受苦"，对一个人的成长是必要的。当他们试图用成绩好赢得一切，他们就躲避了"合理的受苦"，失去了必要的经验，忽略或取代了生命中需要成长的那些方面。而且，在只求成绩好的孩子那里，学习的动力并非来自内部，并非出于自愿，并非因为兴趣，而是因为受到强迫，担心成绩不好，会失去父母的宠爱、老师的欣赏、同伴的羡慕。于是，他们不顾一切追求成绩好，拼命维持成绩好，随时担心成绩变得不好，随时担心别人超过自己……伴随着这个过程，他们的内心埋下了焦虑的种子。

对他们来说，学习是一场苦役，考上大学就意味着这场苦役终于结束了，他们可以玩了。因此，一进入大学校门，环境变得宽松了，选择多样化了，外在的强制没有了，内在的动力丧失了，他们一下子放松下来，在学习上不再追求，甚至对生活也渐渐失去热情，长期被囚禁的玩耍的欲望就从笼子里放出来了，他们会迷恋网络游戏或其他，渐渐变得不能自拔。

在赞扬声中长大

父母赞扬孩子，本来也是好事，但过多赞扬孩子，也可能变成坏事。我们的教育有时会走极端：过去（现在依然存在），父母从来不赞扬孩子，怕孩子会骄傲，岂不知这样做，反而会损害孩子的自信，导致孩子把太多的心思花在如何获取别人的赞扬上面，而不敢确认自己的需求、看法和目标。现在（也并不是所有的父母）的情况是，父母过多赞扬孩子，不切实际地赞扬孩子，这似乎是在培养孩子的自信，但也可能在孩子身上造成虚妄的自我感觉，使他们在生活中遇到挫折时，会否定自己，自暴自弃。"从天堂来的孩子"往往因为成绩好，长得好，又听话，自幼在过多的赞扬声中长大。在形成自我概念的过程中，他们因为受到太多的赞扬，可能会过度在意别人的看法，为了得到他人的好评，宁愿委屈自己，违背自己，牺牲自己的真实看法、愿望和需求，甚至养成过度顺从的个性。

太听话

"从天堂来的孩子"自幼习惯于遵从家长和老师的指令，按他人设定的目标行事，他们的思维可能变得刻板、僵化、非此即彼、黑白分明。当他们进入一个多样化的环境中，要求他们自己做出选择的时候，他们会变得无所适从。心理咨询的经验给我们的教育一个重要提醒：不要太要求孩子听话，不要太赞赏孩子听话，这样做可能抑制孩子的自发性、创造力的发展，以至于把他们塑造成一种工具性的人格。

很少跟同伴交往

"从天堂来的孩子"来自单纯的家庭环境，父母养育孩子的特点是：过于严格的道德教育，看事情过于黑白分明，僵化的等级观念，非此即彼的单一思维，过于强调"近朱者赤，近墨者黑"，担心孩子受到不好的影响，会严格限制孩子跟同伴交往，使孩子不能从跟同伴的交往中获得经验和乐趣，因而发展不出良好的人际能力。这样，孩子会慢慢变得没有兴趣跟人交往，害怕跟人交往。当他们进入大学，面对来自不同生活环境的同学所构成的人际环境时，就会产生人际交往的困难。因为缺乏人际交往的经验，他们对同学的言谈举止难以做出适当的反应，加之他们的自尊心又特别敏感，很容易产生挫伤和困惑，暗自生出许多猜疑与敌意，回避跟同学相处，渐渐从群体中脱离开来，像一只孤兽，渴望交往又害怕交往，内心陷入冲突和烦躁不安，结果就把一腔压抑的情绪发泄到父母身上。

正是在这个时候，父母惊呆了：过去这么好的孩子，怎么变成了这样？他们的表现如：处处挑剔父母，跟父母为难，时而有极端的情绪与行为；抱怨同学不好，抱怨大学不好，要求退学，回到原来的生活中去。有时候，学校害怕会有麻烦，父母对孩子有担心，就真的同意孩子退学。但这样做的结果是，孩子回到家中，会更加焦躁，沉溺于网络，过白天与黑夜颠倒的生活，渐渐发展出一些心理症状。

从不玩耍

许多家长以为，孩子一心学习，从不玩耍，这才是好孩子。殊不知，这里可能潜伏着危机。玩耍是孩子的天性，一个孩子从不玩耍，这本身就是问题。在心理学家格拉瑟（William Glasser）看来，玩耍是人类五大基本心理需求之一。我们看人类的各种创造性活动，跟玩耍的性质十分相近。从不玩耍的孩子，成长的空间狭窄，成长的经验有限，自发性、创造力发展不出来。这就应了西方人的一句谚语：只学习不玩耍，聪明孩子也变傻（All work and no play makes Jack a dull boy）。

许多人希望孩子成为天才，却不知道一个定义：天才就是兴趣。那些在幼年时期，玩耍的需要得到了充分满足的人，他们后来把工作变成了玩耍，这样的人就是天才。那些在幼年从不玩耍的人，在长大成人之后，反而厌倦工作，不合时宜地沉迷某种幼稚的游戏。我们看到不少这样的现象：孩子自幼被剥夺玩耍，强迫学习，读了大学之后，开始玩耍，迷恋网游或者其他。这里有一个很深的动因：因为幼年时期从不玩耍，他们内心里有一个空缺，就会在时过境迁之后追求补偿性的满足。曾有一位求助的大学生在面谈中表示，网络游戏让他获得前所未有的满足，好像找回了童年缺失的某种感觉。

受到过度保护

有这样一些孩子，因为成绩好，长得好，又听话，往往受到父母和周围人的过度保护。父母不让孩子做自己力所能及的事情，不让孩子在生活中尝试新的经验。当孩子在生活中遇到困难，家人包办代替，不给孩子机会让他尝试处理自己的困难；当孩子在成长中产生困惑，家人一起围过来提供安慰，好像孩子不可以有任何困惑。家人这样做，有一个很现实的目的：让孩子一门心思学习，其他任何事都不用管。就这样，他们给孩子营造了一个"天堂"，把孩子囚禁在里面，不让他们接触生活的困难，不让他们获得成长的经验。在过度保护下长大的孩子，对现实没有真切的感受，发展不出适当的能力。

当孩子离开"天堂"般的环境，到一个陌生的城市去读大学，父母的保护无法延伸到大学，孩子就失去了过去的"天堂"。在新的环境里，他们发现，在天堂里生活的经验难以应对现实的情况。在天堂里，他们从来都是受人照顾，却没有发展出照顾他人的能力；在"天堂"里，他们很少处理事情，以致现在不知道如何做得更好；在"天堂"里，他们几乎从不与人交往，现在，面对人际的复杂性，他们不知道怎样应对。在"天堂"里，他们以为自己简直是完美的，可以把任何事情都做好。但在现实里，他们发现自己几乎什么事都没有做好，因而觉得自己事事不如人，渐渐从自负堕入自卑，变得一蹶不振。

单一思维

曾经读到一个报道：有一名成绩非常好的高中生，申请一所世界顶级大学。接受面试时，对方提出一个问题："你为什么选择读我们这所大学？"他回答："因为读名牌大学，将来可以找到好工作；有了好工作，就会有高收入；有了高收入，就可以买大房子；有了大房子，我就可以把父母接过来跟我一起住，他们为我读书付出很多很多，我要报答他们……"结果，这个高中生没有被录取。

这个结果可能让许多父母和老师感到惊讶——这是一个多好的孩子呀！成绩好，有孝心，知恩图报。而且，从他的回答来看，他还很诚实——当然，我不知道，如果这位高中生知道他的回答会导致这个结果，还会不会选择这样回答。但我知道，他的回答可能是很多高中生的回答，因为他们自幼被灌输的想法就是这个——对他们来说，读大学就是为了实现个人利益。但是，真正的教育，目的并不只是这个，更包括培养学生的公共意识，让受教育者追求社会意义。在阿德勒（Alfred Adler）看来，一个人只追求个人意义，就等于没有意义。

有时教育本身就带有一种症状的性质，它的内在动因是不安全感，它的表现形式是绝对化——追求单一目标：教育的目的是考上大学，考上大学的目的只是为了获得好的工作，有了好工作，就可以在激烈的竞争中生存下来，并且可以占有更多的物质条件。许多家长和老师有一种"非此即彼"的单一思维，过度夸大实现这个目标后的完美景象，以及不能实现这个目标的可怕后果。孩子们便朝这个唯一的目标狂奔不已，完全不顾其他。

许多人从结婚生子开始，就在考虑孩子读哪个幼儿园，然后读哪个小学，哪个初中，哪个高中。所有这些安排，只是为了把孩子送进哪个大学。但孩子们并不真正了解大学，为什么读大学，以及为了读大学应该做怎样的准备。高中老师为了给孩子加油，对大学进行不真实的美化，这也是导致一些高中生进入大学之后产生失望和不适应的一个原因。对于一些"从天堂来的孩子"，他们过去追求的唯一目标是考上大学，现在，这个目标实现了，他们就不知道生活还有什么目标，动力就丧失了。说到单一思维，有一位求助的大学生在面谈中反思道："我是一个只能专心想一件事、做一件事的人。在高中，这件事是学习，我不管其他；到了大学，这件事是网游，其他我全都管不了。"

太强的比较心

教育如同播种，种子落在孩子的心里，会在他后来的生活中发生作用。好的种子让人成长，不好的种子产生损害，甚至导致心理症状。在一些"从天堂里来的孩子"身上，我们发现这样一种情况：有的父母会不自觉地把自己的挫伤经验和偏见灌输给孩子，给孩子造成莫名的恐惧，以及等级观念（如对人及其职业的歧视），这会影响孩子跟人建立真实而自然的关系；有的父母好胜心强，爱面子，喜欢跟人比较，总拿自己的孩子跟别人的孩子比较，这样做在孩子内心里培养了过强的比较心。父母这样做，目的是刺激孩子学习，结果却损害了孩子的内在动力。因为有太强的比较心，孩子从小到大会把太多的心思和精力花在别人身上，总是盯着别人看，一门心思胜过他人，不去管自己的需求是什么，自己的目标是什么，而是把别人的需求当成自己的需求，把别人的目标当成自己的目标。结果，他们渐渐丧失了独立性，变得越来越没有主见，越来越依赖他人和环境。

"从天堂里来的孩子"之所以在大学出现了适应困难，是因为他们从小学到高中，一直因为成绩好、听话、长得好而备受关注，从家庭到学校，他们都是备受关注的中心。这给他们一种特别感，一种人上人的感觉。但到了大学，他们置身于潮水一般的大学生之中，发现自己原来如此普通，这让他们倍受打击，茫然若失。甚至在具体的生活中，他们发现自己在一些方面不如他人，就变得更加自卑。这时，他们内心只有一个强烈的愿望：回到高中时代，继续生活在耀眼的光环之中，这种光环最好一直延伸下去，永远读高中；或者，大学必须跟高中一样，甚至他的人生都应该像高中一样。

成长：从天上回到地上

读大学之前，他们生活在天堂般的环境里。在那里，他们是主角，别人是配角；他们是花朵，别人是衬托的枝叶；他们是月亮，别人是众星捧月。在过去的成长历程中，他们不是在生活的地面上行走，而是在感觉的天空中飞翔。在天堂里待久了，他们对地上的情况变得不大熟悉了。在天上飞久了，他们几乎不知道如何在地上行走了。到了大学，他们不得不落回到现实的土地，不得不在地面上行走，他们的脚不适应地面，或被扎伤，或磨出血泡、流血、疼痛。他们一心想回头，想回到过去的天堂，在天空上飞呀飞。

但是，伊甸园的大门在他们离开之后就关闭了，过去的事情，不管有多么美好，都已经收场了，他们必须朝前行走，但地面满是泥泞和脏污，他们太洁白，简直不愿落足。在现实的泥淖里，他们扑腾着翅膀，美丽的羽毛脱落一地。在他们的内心里，保留着飞翔的完美感觉，但现在要从脚踏实地中获得新的经验。在他们的自我体验里，他们是凤凰，但现在要落到地面，让自己像一只普通的鸡那样行走和觅食。当他们了解这一切，当他们内心有了真正的觉察，他们的选择不应是回到过去，而应是进入现实；不应是飞回"天堂"，而应是落到地面，带着痛苦在地面上行走，让自己经历成长，并最终成为自己。

何不年少轻狂

我一边听当事人陈述选择会计专业的想法，一边看到，在这个 18 岁少年的内心里，装满了太多成人的顾虑——例如，爱好并不重要，生存才是重要的；梦想不过是空想，有什么用呢？生活是很实际的，人要现实一些……

首先从一个案例谈起。

这是一个刚刚毕业的高中女生，18 岁，被父亲带来跟我谈话。这场谈话对我颇有触动，让我想到许多。她的表达里有许多情绪，让我看到一个在生活中长期受到压抑的小女孩。与此同时，她又显得老成持重，对现实顾虑重重，这又让我看到，她那年轻的生命被嫁接了太多成人的东西，显得很不协调，成了累赘。

现在高考已经结束，分数下来了，当事人马上就要填写志愿，但这让她困惑和为难。她的语文很好，喜欢写作，对文字特别敏感。按她的心愿，她去师范读中文系，将来做一个语文老师，或者去学新闻采编专业，将来做一个编辑。这都是她感到得心应手的专业。但是她的父母、亲戚、老师和周围能说得上话的人，都对她说："你应该学会计，将来好找工作。"他们举了一些现实的例子：谁谁师范毕业，几年没有找到工作，谁谁学会计专业，很快找到了工作。

但当事人从小对数字不敏感，也不喜欢数学，虽然强逼自己在数学上花了许多精力，还是学不好它。她的顾虑是，如果将来一生都要跟数字打交道，那真不知会是怎样的生活。她的内心起了冲突，有两个声音反复辩论。

一个声音说："我不喜欢做会计怎么办？"

另一个声音说："有多少人做的是自己喜欢的工作呢？能够跟其他人一样有口饭吃就不错了。"一个声音说："但是，我喜欢文学呀！"另一个声音说："喜欢文学找不到饭吃。"跟我谈话的结果是，当事人决定选择会计。

作为一个心理咨询师，我尊重当事人的选择，但我希望当事人了解做出这个选择背后的动机：关键不是选择什么，而是为什么选择它？

探索发现，当事人之所以选择会计专业，最根本的动

机是为了避免遭到家人的责骂。她说："如果我选择中文
或新闻专业，将来找不到工作，父母岂不要骂我一辈子！"

问题在于，父母并不能保证学会计专业一定能找到工
作，也不能断定学中文或新闻一定找不到工作。那么，在
选择上，她需要更多考虑自己的爱好和特长。她虽然知道
这些，还是选择了会计专业，因为，这是父母和周围的人
希望她做的选择。如果选择了会计专业，将来找不到工作，
那是父母和别人的错误，她就不用为此承担责任，并且，
她还可以保留一个可以责怪父母的权利，甚至将来自己过
得不幸福，也可以推到父母身上。因此，在填写志愿的专
业和职业选择上，当事人的根本动机是避免受到父母的责
怪。由此也可以推想，一个在家里受到太多责怪的孩子，
会在选择上倾向于逃避责任。

接下来，我一边听当事人陈述选择会计专业的想法，
一边看到，在这个 18 岁少女的内心里，装满了太多成人
的顾虑，例如，爱好并不重要，生存才是重要的；梦想不
过是空想，有什么用呢？生活是很实际的，人要现实一些，
等等。

谈话结束之后，当事人走出面谈室，就要回到她的生
活中去了。我内心不免有一些担忧，不是担忧她做出了怎
样的选择，而是在想，一个孩子，在设想自己未来的生活时，

何以如此少年老成，充满了不适合她年龄的各种思虑呢？
这才着实让人担忧。当生活向她展示一个崭新的阶段时，
她似乎没有梦想，没有热情，没有想象，没有憧憬。在 18
岁的年龄，她就过多陷入了对生存的担忧，觉得生活无非
是像所有人一样，为了得到一份工作，让自己有口饭吃，
一切按部就班。这是不是少了一点什么？

　　想到做心理咨询这些年，遇到许多像这位当事人一样
的少年，我心里不禁要问：是谁剥夺了少年人的梦想、憧憬、
抱负、理想、热情？是谁把他们抛到干涩乏味的生活中去，
让他们小小年龄就变得如此现实，活得如此低落？是什么
让这个女孩一定要去走一条违背自己意愿的路——不在意
自己的爱好和特长，执意在志愿栏里填上她既不擅长也不
喜欢的专业，而且将来还会继续勉强自己去从事这个职业，
一生如此？我知道，这不是她一时的选择，而是从小到大，
她已经习惯于这样违背自己。

　　在生活中，有许多人就是这样违背自己，他们按照生
活的常规去生活，勉强自己像所有人一样。他们习惯于被
动地生活，而不是尝试去创造自己的生活。问题是，那些
违背自己太多的人，后来就发展出心理症状，而症状就成
了他们生命中的阻碍，使他们不能尽量发挥自己，不能充
分实现自己。他们过得不快乐，感受不到价值，然后还会

安慰自己说"生活就是这样的"，他们不知道，生活本来可以不是这样的；他们又安慰自己说"每个人都是这样生活的"，事实上他们并不真正知道每一个人在怎样生活。

这个18岁的女孩，虽然她身上有不少自然的资源，但她内心也有很深的束缚，这会继续限制她的成长和发展。这种内在的束缚来自她的家庭环境——那是一个狭促的成长空间，容不下少年的想象和梦想；那里有太多的强求，把一大堆成人的东西强加给她。她从早到晚学习功课，但不是出于自觉，而是因为被迫，因而她不能做到有效的学习。有时候她累了，想看一会儿电视，这时爸爸回来了，开始责怪她。她心里很委屈，说："我怎么就这么倒霉啊，做了一天作业，刚看一会儿电视，爸爸就回来了……"这种强求的环境给当事人的成长造成许多压抑，使她的自主空间受到严重挤压，她的自我变得越来越弱，以至于害怕选择，不想长大。虽然在她的生命里有很好的资源，但她看不到，更不敢确认它们，因而也发挥不出来。她不相信自己，不相信他人，不相信人会改变，不相信心理咨询会帮助她——她被父亲强迫来跟我谈话，谈话之后，又会被迫按照现实的要求不断违背自己。

这个18岁的女孩，在她需要做梦的年龄，她不适当地接受了现实，而且，她接受的是一个何其片面、表面、不适当的现实。同时她强求自己去变得那样现实，也让自己没有什么真正的力量了。她接受了这样的现实，就不相信梦想，当生活中出现某些可能性时，她会对自己说："这怎么可能？"她不知道，因为她不相信可能性，她将生活在没有多少可能性的现实里，在那里很低落、很受局限地生活。她不知道，当她对生活不再有憧憬，不顾自己的需求，反而压抑自己的兴趣时，她就把生命中真正的动力排除掉了，自己也就只能按照生活的惯性被动地生活。我相信，一个人的兴趣就是他的天赋。如果一个人很早就打算过被动的生活，他怎么可能释放自己内在的资源呢？怎么可能过创造性的生活呢？

我想到我的儿子。这个女孩像我儿子一样聪明、敏感，有很好的语言能力，对生活有非常细致的感受力，内心有丰富的情感，也一定有过自己的梦想和对未来生活的想象。但是，我的儿子在表达着这一切，这个女孩却把这一切隐藏起来了，藏在一个很深的地方，生怕它们跑出来捣乱。我的儿子正在按他自己的方式成为自己，而这个女孩却不敢独特，不敢坚持，反而要让自己像所有人一样生活。她以为只有这才会安全，也正是为了安全的缘故，她宁愿违背自己，削弱自己，牺牲自己。

在我儿子身上，生命正在展现另一种情形：他有热情，他自由，他对生活有一种初生牛犊不怕虎的勇气；他的经验有限，却敢于通过多样化的途径去尝试；他会犯错误，但也会从错误中学习；他有些固执，会说："我就是要那样做！"但这固执里也有合理的坚持；他喜欢什么，就会去努力争取；他自觉学习，也会坦然玩耍；他喜欢独自探索，也会寻求别人的帮助；他内心里有愿望，敢于向别人表达；他想做点事情，也会说服对方跟自己合作；他会讲自己的梦，表现出上天入地的想象力；他开始有自己的抱负，并因而产生了实现抱负的激情；他时而会失衡，表现得偏激，但也能抓到一些本质的东西；他有时显得情绪化，但事后也会对之有所反思；他幼稚，但有力量……在他身上，我看到一种少年的"轻狂"。

我想起苏轼的诗词《江城子·老夫聊发少年狂》，其中表现出了何等狂放的豪情。我想起毛泽东的诗句："怅寥廓，问苍茫大地，谁主沉浮？""恰同学少年，风华正茂；书生意气，挥斥方遒。指点江山，激扬文字，粪土当年万户侯。"其中充满何其豪迈的抱负。据中国科学院人才学研究小组对 50 位名人所做的研究，发现 90% 有成就的人在 20 岁前就立下了自己的志向，并且敢于明确表达自己的抱负。美国心理学家马斯洛对人类中一批最优秀的人——他称为自我实现者——做了研究，发现在自我实现者身上有一些共同的特征，其中包括，他们敢于表达自己的抱负，不掩藏对成为伟大人物的追求。马斯洛在给学生上课的时候，向他们提问："你们中间有谁要成为美国最伟大的小说家？""你们中间有谁要成为美国最伟大的心理学家？""你们中间有谁要成为美国总统？"显然，这些问题是在鼓励学生自我表达，不要害怕表现出年少轻狂。如果一个人敢于表现年少轻狂，这可能表明，他有一种自我确认的信心，一种理想主义的激情，一种实现自我的渴望。虽然这种表现可能还不够稳定，显得单薄，有这样那样的弱点，但这也显示，一个人发现了自己的本质，找到了自己的方向，因而也会用自己的方式去实现自己。年少轻狂成了一个基础，一个人由此可以建立自己，然后变得稳固、坚定而有力。

如果一个人在少年时期，没有自由的空间，没有鼓励的环境，没有支持的资源；相反，他受到太多的局限和压抑，被成人强逼着向现实就范，他就无法表现少年的意气风发，他就不敢确认生命里那些好的资源，也不能把它们顺畅地发挥出来，相反，他可能很早就发展出一种妥协的倾向，一种压抑和掩藏自己的倾向，这被马斯洛称为是"约拿情结"（害怕自己伟大，忌妒别人伟大）。年少轻狂是需要培养的，我们的文化和教育要腾出足够的空间，让孩子们自然表现出一股闯劲。

　　昨天我给儿子读了一句英语：Never laugh at anyone's dreams. People do not have dream，do not have much. 意思是说，永远都不要嘲笑梦想，一个人没有梦想，这是一种很大的损失。但在我们这个时代，许多家长正在用各样现实的顾虑去挤压孩子的梦想，逼着他们用成人的眼光看世界，用成人的思维去理解生活。他们试图让孩子相信，梦想是可笑的，梦想等于空想。他们要求孩子放弃自己的快乐，不顾一切地学习功课，并且不负责任地向孩子承诺，如果现在放弃快乐，将来才会获得快乐。他们会把未来说得很可怕，总对事情的后果做出灾难化的预测。他们威胁孩子，从而让孩子屈从，他们贬低孩子，以为可以让孩子争气。但是，他们这样做，是在把一个何等干瘪、无趣的现实强加给孩子，不知不觉损害了孩子的内在动力，压抑了孩子的生命潜能。他们让孩子学会去强忍现实、被动生活，而不是鼓励孩子用热情去创造自己的生活。终于，我看到许多少年，背负着自己看不见的重负，在现实里缓缓移动着生命的步伐，走向他们各自的命运。

　　我想起几十年前少年时的我，仿佛跟现在隔着一个世纪般遥远。当时，我所立身的地方，是一个物质条件太过贫乏的世界，但在我的内心里却有梦，我亲身经历了自己的年少轻狂。高中时代，是一个做梦最激越的生命阶段，一个让你觉得整个世界都在向你招手的生命阶段，一个让你相信只要努力就有可能的生命阶段……我就是带着这种从年少轻狂而来的力量，从那里一直走到现在，并且，在我的生命里还有足够的资源让我行走得更远。因此我不忍看到，在现在的时代里，有许多孩子受到压抑，失去了自己的年少轻狂。我不忍看到，许多家长和老师，给孩子指定一个唯一的目标，让他们不顾一切朝它狂奔。我不忍看到，许多家长和老师，让孩子变得如此现实，如此少年老成。我相信，年少轻狂里有足够的力量，推动着我们的孩子去实现他们自己！

　　鲁迅曾经著文《在未有天才之前》，提醒我们的社会：天才是培养出来的，民众可以成为培养天才的土壤。但鲁迅的最大悲叹也在这里：天才被培养出来之前往往就遭到了扼杀。扼杀天才是容易的，因为天才往往是单纯的，他们会把力量用于正向的发展，而扼杀天才的势力却是强大而诡计多端的，他们很容易就在天才身上找到攻击点，并且实施攻击。据鲁迅观察，他们攻击天才的方式有两种：一是捧杀，二是棒杀。意思并不真的是把他们杀掉，而是让他们不能成为天才，变成庸众中的一员，变成本文案例中那个女孩想变成的那个群体中的一员。

可以说，如果我们的社会环境与文化系统没有给孩子提供更大的精神成长空间，就会有许多天才遭受压抑和扼杀，我们的社会就变成了一个"万马齐喑究可哀"的地方。龚自珍曾经呼吁："我劝天公重抖擞，不拘一格降人才！"现在，我们要呼吁我们的民众：人才不是从天而降，而是需要大家培养。我也终于看到希望的光亮。在我们的社会里，开始有一些家庭、有一些学校，把孩子成长的空间打开了，也有越来越多的孩子开始显示他们身上那种自然的年少轻狂。据我个人了解，在南京的高中如南师附中，课堂讨论中竟把帕斯卡尔作为话题；在平常的交往中，学生会表达自己的抱负，有人立志成为中国的政治家、哲学家、心理学家，等等。他们也开始关注世界，开始看到整个人类，有了全面的眼光。

　　在这个世界和社会上，可能不缺中规中矩的人，但也要腾出更大的空间，让我们的孩子突破条条框框的局限，去张扬自己的独特，去表现自己的年少轻狂。

尊重生命

    许多求助者的心灵失去了自由，被囚禁在一间房子里。这个房间，我把它称为道德裁判所或良心法庭。这个裁判所是父母建造起来的，它会一直威严地矗立在孩子的头脑里，长期禁锢孩子的心灵……

    纪伯伦写过一首诗，叫《论孩子》，下面就是这首诗：

你的孩子不是你的孩子，

他们是生命渴望自身的儿女。

他们通过你出生，并非来自你；

他们和你在一起，却不属于你。

给他们你的爱，而不是你的思想，

因为他们有自己的思想。

给他们的身体提供住房，但不要禁锢他们的心灵。

因为他们的心灵居住在明天的房屋里，

那是你甚至在梦中都不能造访的房屋。

你可以努力将自己变得像他们，

却不要设法把他们变得像你。

因为生命不会后退，也不会停留在昨天。

你是发射孩子生命之箭的弓，

神弓手在无穷之路上瞄准目标，

他用神力折弯你，好让他的箭射得又快又远。

让你在神弓手掌中的弯折令他愉悦吧，

因为他既爱那飞驰的箭，也爱那坚稳的弓。

　　我一直以为，很多父母可能很难读懂这首诗。我有一个朋友，她年轻的时候读到纪伯伦的这首诗，心里激动，就拿回去给爸爸看。但她爸爸读不懂，皱着眉头说，这写的是些什么乱七八糟的，"你的孩子不是你的孩子"，这是什么话？

　　但现在，开始有一些人读懂了这首诗。我甚至认为，读懂了这首诗，就可以做父母了；读懂了这首诗，就可以做心理咨询师了。因为，这首诗讲的是对生命的尊重与敬畏，而这正是孩子教育与心理咨询的根本。

我还设想，把这首诗读给那些强制孩子的父母听，他们会有怎样的反应呢？这是我大概可以想见的。

诗一开头就说，"你的孩子不是你的孩子"，许多父母听到这话会觉得刺耳，觉得扎心。因为在他们心里，有一个根深蒂固的观念：孩子是属于父母的，甚至，孩子是父母的私有财产，父母对孩子拥有支配权，不管父母怎样对待孩子，都是自家的事情，别人管不着。在过去，甚至在现在还有这样的父母，他们把孩子当成自己生命的延续，当传宗接代的工具，当"养儿防老"的投资，而不是把孩子当一个需要得到培养的独立个体，让孩子有自由成长的空间。他们把自己的思想灌输给孩子，把自己的意志强加给孩子，甚至他们相信，"棍棒底下出孝子"，肆意虐待孩子的身体，目的是驯服孩子，确保"投资"的回报。

但到了现代社会，有了一个新观念：孩子首先是国家的公民，父母是孩子的监护人，如果父母对孩子滥用权利，国家有权剥夺父母作为监护人的身份。在西方社会，这种观念不仅深入人心，还有体制上的维持。又因为制度在执行的时候也可能造成伤害，心理学领域又发展出系统的家庭关顾的专业资源，通过具体的家庭辅导与家庭指导项目，让父母接受培养孩子的教育，成为培养孩子健康成长的监护人——他们培养孩子，不是为了自己，也不是为了家庭，而是为社会、国家甚至是为人类培养好的公民。从这个意义上说，"你的孩子不是你的孩子"。

那我们的孩子是谁的孩子呢？纪伯伦回答说："他们是生命渴望自身的儿女。"这话就更让许多人听不懂了。纪伯伦似乎在说，在我们之外，在我们之上，也应该在我们之中，有一个更大的"生命"，这个"生命"渴望有自己的儿女，于是就有了。一个孩子出生了，就是这个"生命"通过一对父母实现了自己的渴望。此后，这个孩子会按照"生命"的渴望去成长，渐渐长成自己。

因此，纪伯伦接着说："他们通过你出生，并非来自你，他们和你住在一起，却不属于你。"这话又不知会伤多少父母的心。许多母亲会对儿女说："你是我身上掉下来的一块肉。"这话自然是母爱的表达，其中含有母亲十月怀胎的记忆，生产孩子的痛苦，养育孩子的艰辛。但这样的表达，更多的成分是本能的母爱，而不是有意识的母爱。有意识的母爱会给孩子充分的尊重与自由，让他享受成长的快乐，体验生活的丰富，最终成为有责任能力、爱的能力的独立个体。本能的母爱却是控制的、过度保护的。这样的母亲，自己不独立，也不让孩子独立，要把孩子控制在自己的范围里，不让孩子越过自己的视野，要把孩子跟自己捆绑在一起，不允许孩子长出自我。她试图跟孩子建立一种精神上的共生体，因而对孩子这样说话：你来自我，你属于我。

这时，纪伯伦却说：你的孩子并非来自你，也不属于你。这话是在提醒父母：不要控制自己的孩子，要尊重他们，给他们充分的自由，让他们长成自己。因为，他们来自一个更大的生命，这生命不仅包括孩子，也包括父母，包括所有的人。所有的人都属于这个大生命，都是这个大生命的孩子，都是从这个大生命的渴望里产生出来的，都会在大生命的渴望里自由地成长。他们的成长，不是单一地要实现某个目标。他们的生命就像一条河，一路流淌着，并且感受着自我的流动，体验着沿路的风光，以及它们在水中的投影。

接下来的这句诗，也让许多父母困惑："给他们你的爱，而不是你的思想。"

如果去问父母：你们可以给孩子什么？他们会回答说：当然是爱。但是，如果让他们读纪伯伦的这句诗，他们又会大感不解：我们怎么可能只给孩子爱而不给他们思想呢？如果我们不给孩子思想，这岂不表明我们不爱孩子吗？而且，不管我们给孩子什么，都是出于爱，都是爱，包括打骂孩子，也是爱——打是亲，骂是爱嘛。有许多父母会理所当然地认为，不管他们对孩子做什么，都是出于爱；不管他们给孩子什么，全都是爱。

但在生活中，在心理咨询室里，我却在父母身上看到了错爱，看到了阻碍成长的爱，看到了导致伤害的爱。这不仅存在，还大量存在。这样的父母，他们给孩子思想，不见得是出于爱，大多是出于担心；不见得是他们多爱孩子，大多是他们太爱自己；不见得是为了增进孩子的能力感，大多是为了在孩子面前抬高自己。这样的父母，如果他们不给孩子思想，似乎就没有什么可给了。他们一味给孩子思想，却不给孩子爱。因为他们相信，给思想就是给爱，不给思想，就等于不爱，就等于不负责任。为了让孩子接受思想，他们把思想装扮成爱，以爱的名义灌输思想。

因为父母把爱和思想混为一团，孩子分不清楚，结果是，他们既不懂得爱，也不会真正得到思想，因为父母把担心、自负、挫伤、偏见都混杂在思想里，传输到孩子的内心里了。结果是，孩子的头脑里只有父母的标准，进入到新的环境就不知如何应对，变得惶惶不安。我不禁感慨：思想太多了，爱太少了！思想太多了，孩子不能学会思想；爱太少了，孩子不能学会爱。思想太多了，占据了孩子的自主空间，使孩子发展不出自主的能力；爱太少了，把孩子的生命变成了一片贫瘠的土地，使孩子发展不出爱的能力，反而发展出自恋的倾向。这些，就是症状的根由，也是症状的本质。

纪伯伦的诗提醒父母，不要用自己的思想压抑孩子的思想，"因为他们有自己的思想"。许多父母认为，孩子的心灵不过是一张白纸，因而会说：小孩子哪里有什么自己的思想？这样的父母不明白，在孩子出生之前，他的内部早已被赋予无法测度的潜能，那小小的生命，反映的是人类整体的样态；那稚嫩的心灵，储存着整个宇宙的神秘与丰盛。如果父母能够给孩子充分的爱与自由，孩子内心里的丰富就会如花朵一样自然地绽放。如果父母一味把自己的思想灌输给孩子，孩子的潜能就会受到压抑，他的精神之树就会变得枯萎，如同花渐落去。

在一次课程中，我问听众：为什么纪伯伦在《论孩子》中说"他们有自己的思想"？

有一个听众回答说：因为他们有自己的灵魂。

我又问：灵魂是什么？

这可是个难以回答的问题。接下来，我跟大家一起讨论，找到这样的答案：灵魂是孩子生命里最本质的思想潜能或精神渊源，当它得到爱，它就会自然地生长，慢慢长出一个独特的自我来。用比喻来说，灵魂是一颗种子里包含的成长的渴望，因为有了土地、阳光、水分，它便生根、开花、结果。如果父母把思想强加给孩子，会禁锢孩子的灵魂，压抑孩子的潜能。因此，纪伯伦继续启发我们说："给他们的身体提供住房，但不要禁锢他们的心灵。因为他们的心灵居住在明天的房屋里，那是你甚至在梦中都不能造访的房屋。"

我在心理咨询中有一个最普遍的发现：许多求助者的心灵失去了自由，被囚禁在一间房子里。这个房间，我把它称为道德裁判所或良心法庭。这个裁判所是父母建造起来的，它会一直威严地矗立在孩子的头脑里，长期禁锢孩子的心灵。在它的里面，有一个高高在上的审判席，上面坐着一个威严的法官，时而怒目而喝，时而起身戟指。这个法官，看不大清楚面目，也辨不大清楚声音——似乎是当事人内心的自我，似乎是生活环境中一个个具体的人，似乎是某个高高在上的圣人或神祇……但所有这些形象，不过是当事人父母的化身，所有这些声音，不过是当事人父母的传音。

最近我接待了一位求助者，是一所名牌大学的学生。他跟我谈话的时候，我看到他头脑里就有这样一所禁锢心灵的房子，这是他的父母苦心营造出来的。从当事人幼年起，父母就用强制的思想、严苛的道德、完美的要求禁锢他。

他做得好都是应该的，做得不好就受到指责。当事人的母亲回忆，儿子很小的时候就会察言观色，投人所好，一举一动讨每个人的欢心。有一点儿差错，他就向妈妈悔罪："我错了，下次不敢了。"妈妈批评别人，他赶忙向妈妈保证："我很乖，我是乖孩子。"这些被强制的经验就成了当事人内心那个道德审判所的根基，它的影响力从当事人的幼年一直延续到现在。在现实生活场景中，当事人说一些什么话，做一些什么事，都担心犯错，担心亵渎，担心自己道德低下，人格卑劣，觉得自己罪大恶极，冒犯了别人，影响了社会，对人类犯了罪。他的头脑里不断传来指责的声音，他不断反省和悔罪："我错了！我有罪！"有时候，指责的声音通过周围的人折射到他身上，这让他更加有罪疚感，几乎要在别人面前跪下来忏悔。这样，当事人不能在生活环境中跟人做自然接触与交流，他们的思想不能跟现实接通，也不能跟未来接通。几乎可以说，我每天接待的就是这些受到禁锢的心灵。

纪伯伦说："你可以努力把自己变得像他们，却不要设法把他们变得像你。因为生命不会后退，也不会停留在昨天。"在这一点上，我们的许多父母是怎样做的呢？刚好相反。我们所做的一切，就是让孩子变得像我们，不允许他们成为自己，我们更不会把自己变得像他们。孩子身上有一点儿不像我们的地方，都会让我们担心，把这些视为"异质"，视为危险的因素，毫不留情地加以打击。我们把自己的经验强加给孩子，把自己的观念强加给孩子，把自己挫伤的情绪强加给孩子，把我们对这个世界的恐慌和不安强加给孩子。我们把所有这些东西都加给他们，是为了把他们变得像我们，而不是让我们变得像他们。当我们这样做的时候，我们是在让生命后退，让生命停留在昨天。我们强加给孩子的那些东西早已时过境迁，已经不再适合我们的孩子，但我们依然在用那些东西禁锢我们的孩子。我们没有真正觉察，我们是这样的，是因为我们的父母是这样的，是因为父母的父母是这样的，现在我们要求孩子也是这样的。我们扛着自己的过去，把孩子也拉回到过去，似乎他们的生命是属于过去的，他们的心灵难以飞向未来。这样，他们的心灵就停留在昨天的坟墓里，而不是居住在明天的房屋里。

那么，我们怎样做父母呢？纪伯伦做了一个很好的比喻："你是发射孩子生命之箭的弓，神弓手在无穷之路上瞄准目标，他用神力折弯你，好让他的箭射得又快又远。"

作为父母，我们是弓，我们甘愿被神射手使用，让他折弯我们的生命，让我们的生命在他手里成为拉得很满的弓，从而把我们的孩子如同一支生命之箭那样射得又快又远。那个拉弓射箭的神射手就是诗一开头所说的"生命"，他喜欢我们在他手掌里弯曲自己，因为这弯曲里有甘愿的爱，有为爱而付出的劳碌与牺牲，是为了跟他配合，是为了让孩子获得更好的成长。父母是弓，孩子是箭，神弓手因为爱的缘故而拉弓射箭。我们是弓，尽力弯曲自己，以便有更大的力量发射；孩子是箭，带着对目标的渴望，尽力向更远的地方急驰。这里有培育生命的喜悦，也有生命成长的喜悦，更有那"大生命"看到这种情景时的满心喜悦。如诗所云："让你在神弓手掌中的弯折令他愉悦吧，因为他既爱那飞驰的箭，也爱那坚稳的弓。"那些不愿意折弯自己的父母，那些不愿发射生命之箭的父母，那些要把弓和箭捆绑在一起的父母，就感受不到培育生命和生命成长的喜悦。

纪伯伦的这首诗，对我们做心理咨询也有同样的启发。我们作为咨询师，也是一张弓；我们的求助者，如同一支箭。不管是弓还是箭，都愿意为生命的神弓手所用。咨询师愿意折弯自己，求助者渴望射出自己，神弓手开始用力了，那生命之箭被射得又快又远。在这场合作之中，我们都最为充分地使用自身的能量，从而获得最大的愉悦。要完成这样一项合作，我们需要有一个最根本的态度：尊重生命。

我忍不住想，如果让没有觉悟的父母写一首《论孩子》的诗，那会是怎样的一首诗呢？

我的孩子就是我的孩子，

他们是我生命的延续。

他们是从我而生的，是我给了他们生命。

我把他们放在我的视野之内，因为他们属于我。

我爱他们，所以把思想灌输给他们，

因为他们没有自己的思想。

我给他们的身体提供住房，

还让他们的心灵住在我建造的安乐窝里。

不管他们走到哪里，我都会跟他们形影不离，

因为离开了我，他们什么都做不好。

我努力把他们变得像我，

我不喜欢他们现在这个样子。

要是能够，我想把他们带回到母腹里，

因为现在很不安全，将来也没有什么希望。

我的孩子是我身上掉下的一块肉，

来到这个世界是多么没有保障，

我必须对他们严加控制，让他们跟我寸步不离。

让孩子在我的"爱"里变得安分守己吧，

既然我不让他们蹦出我的手掌心，他们就蹦不出我的

手掌心。

看吧，这是一首多么糟糕的诗！

成长的治疗

接受心理咨询之前，问题大于你；接受心理咨询之后，你大于问题。通过一个心理咨询的过程，我们促进当事人长"大"。当他长大了，他就更有力量了，就可以突破生活的困难，克服成长的障碍……

我们一直以为人类早已走出神话时代，但事实上，我们生活的商业社会依然充满各样的神话。神话产生的根源之一是人类的不安全感，神话表达了人类超越自身有限性和环境威胁的愿望。原始人的不安全感来自对神秘莫测而又威力无比的大自然的体验，现代人的不安全感则源自置身于商业社会的各种竞争、压抑、剥夺与被剥夺、强求效率，以及由此产生的恐惧、无助与挣扎。现代商业社会追求"速效""速成",以及各样的"完美感受",由此催生了各样的神话：广告把商品渲染得淋漓尽致、完美至臻，映衬着现实的残缺和不可忍受，刺激人们内心的欲望，驱使人去压榨自己和压榨他人，不惜一切追求完美体验；医药广告把人的身体描述成病症的载体，引发人们对自身的恐慌，然后兜售"速效"或"高效"药品、保健品；层出不穷的培训宣传，把生活现状和未来描绘得危机四伏、令人担忧，然后让人们疯狂去追求各种"速成"的证书，从而获得心理的安慰；还有许多书籍、思想、主义、疗法纷至沓来，到处都是演讲、培训班，向人们倾销自己的"法宝"……人们变得更加焦虑了，这种焦虑不是因为我们缺乏"意义"，而是我们生活在太多的"意义"里。但在所有这一切的背后，我们发现一个魔怪般的驱动力：经济利益。在心理咨询领域也存在这样的现象：受到经济利益驱动，治疗师们宣称各自拥有可以创造奇迹的治疗神话——速效的、可以根治的各种药物与疗法。

许多人因为长期遭受痛苦的折磨而寻求心理咨询，他们往往急不可待地要求得到一个一下子可以解决一切的方法，这就是他们寻找的神话或魔术。他们以为，只要把自己的问题交给咨询师，咨询师把这些问题"接管"过来，给出方法，就万事大吉了。但是，咨询师不是魔术师，不是神仙，他的工作不是变戏法，可以把心理问题一下子变没了，也不是动手术，可以把心理问题一下子切除掉。成熟的、负责任的、专业的心理咨询师需要处理这种要求神话或神迹的心态，要向对方澄清以下一些方面：

1. 心理咨询需要在一个过程中产生效果，这个过程有时甚至是长期的、艰难的。

2. 心理咨询不是暴风骤雨般的革命，而是循序渐进的改良；心理咨询促进成长，但不拔苗助长。

3. 心理咨询不是咨询师一手操纵，也不是单凭咨询师一己之力就可以完成的。在心理咨询的整个过程中，都需要咨询师与来访者彼此信任，共同合作，通过生命的互动，彼此的了解，最终达到治疗的目的。

4. 心理咨询师是真诚、简约、现实的，他知道症状不是一个孤立的、偶然的现象，在其背后总有复杂的"发生因素"和"维持条件"，而这些因素和条件既有现实的根由，又有内在的动因。因此，咨询师会把问题放在当事人的成长过程和生活系统里加以考察，了解问题的本质，探索问题产生的根源，包括当事人的成长环境、生命经验、生活状态，以及他的情绪反应、观念系统、行为模式、生活风格，及其更深的潜意识动机。咨询师不仅需要自己去了解和理解，同时也帮助当事人自己从中获得觉察。

5.心理咨询的过程还包括，针对当事人的基本情况，咨询师需要选择有效的辅导或治疗方式，并且按步骤去实施，逐渐帮助当事人在情绪上有所缓解，在理解上有所更新，在行动上有所改变。这不仅是一个解决问题的过程，更是一个促使当事人获得成长的过程。

完成一个心理咨询的过程，让心理咨询产生效果，这不是一蹴而就的，需要协调多种因素在其中发生作用。其中，最基本的是，如果没有来访者的真正参与和全面配合，就不可能产生真正的咨询或治疗效果。真正的心理咨询的发生条件是：咨询师邀请来访者参与他的工作，帮助来访者探索他的问题及其产生的根源，发现和调用他的现有条件（包括自身的潜能和生活的资源）去做出改变，推动他投身于生活的进程，发展自主的能力。美国心理学家推孟（Lewis M. Terman）说："虽然治愈来访者是一项崇高的目标，但生活却是与困境不断做斗争的结果，而且是不断发展变化的。那种认为可以一次性治愈来访者的观点，对辅导人员和来访者双方都是很危险的。"

在直面心理学看来，心理疾病反映这样一个本质：一个人的成长受到了阻碍，以至于陷入一种挣扎而无果、放弃又不甘的状态。心理咨询就是帮助当事人清除阻碍，摆脱无效的挣扎，朝着成长的目标迈进。促进当事人成长，这本身就是治疗，而且是最高意义的治疗。因为生命的目的是成长，成长的目标是成为自己。心理治疗，从根本上来说，就是成长的治疗，就是生命的治疗。因此，我向来访者表达这样的理解："接受心理咨询之前，问题大于你；接受心理咨询之后，你大于问题。"通过一个心理咨询的过程，我们促进当事人长"大"。当他长大了，他就更有力量了，就可以突破生活的困难，克服成长的障碍。

成熟的心理咨询，不相信现代商业社会的各类神话。成熟的心理咨询敢于宣称：最好的治疗是成长的治疗。

逃避的憾

心理症状的本质是逃避，常常表现为逃避责任。

安于不知道

 有一位女性求助者，常年思考"原罪"问题，如此认真、执着、锲而不舍，把所有的神学家、哲学家、社会学家、伦理学家、法学家的知识和智慧集中起来，也不能回答她的"为什么"。在接受面谈的过程中，她似乎还在苦思冥想，又很急切地想从我这里得到答案……

问题表现：为什么

 人先天被赋予一种求知欲，从一出生，人就开始动用自己的感官去探索——要了解自己，了解他人，了解周遭的环境，了解事物的根源和行为的动机。生命早期的一个基本特征是"十万个为什么"，正像伊甸园里的情景，反映的是人性的一个根本欲求：想知道一切。关于求知的欲望，"上帝"有一个重要的提醒——他对亚当说："园中其他树上的果子，你可以随意吃，只是分别善恶树上的果子，你不可吃。"前一句讲的是自由——求知是生命的动力，人生的乐趣，是人获得自由、实现价值的一条途径；后一句讲的是规范——求知不是生命的全部，人不可能知道一切，但是，人的内心有一个源自本能的倾向——要求绝对自由，拒不接受规范。因此，我们可以想象，听到"只是分别善恶树上的果子，你不可吃"，亚当会做出这样的反应："为什么？"对这个问题，"上帝"不予回答。而这种不予回答的态度，对我们从事心理咨询恰恰是一个提醒。

从事心理咨询这些年，遇到许多求知欲极其旺盛的人，他们是成人，却滞留在"十万个为什么"的阶段，总是非常认真（也是天真）地问着"为什么"。有些人反复问：为什么要有"原罪"这个词？为什么书上写"跟人谈话要看着对方的眼睛"？为什么考试只差两分？为什么我的"眼睛干涩"或"颈椎不直"或"两边脸不对称"？还有一些人总担心会发生某些可怕的事情，包括"会不会有陨石正好落在我头上把我砸死""宇宙是不是从一开头就错了"，等等。如果你说不会发生这样的事情，他又会问许多个"为什么"，没完没了，而且，他们不仅问"为什么"，还问"为什么我总问'为什么'？"

逃避的憾

　　面对各种各样的"为什么"，有些咨询师会竭尽全力提供答案，热心得简直想把自己撕成碎片来喂养对方，让对方得到满足。结果往往是，当事人并不接受咨询师的答案，反而从这些答案里繁衍出更多的"为什么"来。也有咨询师驳斥当事人的"为什么"，要跟对方辩出个黑白分明的真理来，结果把辅导变成一场无休无止的辩论，弄得双方都很沮丧。而且，咨询师真的就比求助者掌握更多的真理吗？举个例子，有一个求助者整天担心陨石会落下来正好砸在他头上，咨询师如果说：这怎么可能？对方就会问：为什么不可能？你可以证明这事绝对不可能发生吗？从绝对的角度来看，咨询师没有办法提供证明。也有的咨询师会劝说当事人"不要这么认真"，但这也没起什么作用。求助者会说，只有找到答案，他们的问题才会迎刃而解。

　　咨询师需要了解，来访者问"为什么"，真的是在求知吗？心理咨询只是提供知识或答案就可以了吗？我发现，"为什么"其实是心理障碍的表现形式，它不受求知欲的驱动，而是受到不安全感的操纵。当事人在什么地方询问"为什么"，症状就在什么地方发生。

问题后果：我思我不在

　　有一位女性求助者，数年思考"原罪"问题，如此认真、执着、锲而不舍，把所有的神学家、哲学家、社会学家、伦理学家、法学家的知识和智慧集中起来，也不能回答她的"为什么"。在接受面谈的过程中，她似乎还在苦思冥想，但同时又很急切地想从我这里得到答案。看到这样一个年轻的女子用"为什么"把自己弄得愁眉苦脸，我心里充满了怜惜，但有时又几乎要笑出声来。她真的在害怕"原罪"吗？她那么认真地害怕着，为什么她的害怕又显得那样天真呢？我亲眼看到，在过去的几年里，在她沉溺于苦思冥想的日子中时，许多好的资源在她的生命里流逝了，许多好的机会被她错过了，而困难和苦恼一天天累积起来，她自己却浑然不觉，不管不顾，依然在那里苦思冥想着。这让我想到那句西方的谚语：人类一思考，上帝就发笑。

人，是一个有限的存在，却拒不接受自己的有限，徒然思考着，要弄明白一切，要找到万无一失的答案，要让自己变得完美，要让世界有绝对的保障。然而，在她日复一日思考的时候，她的生活正变得荒芜。她的答案没有找到，她的青春却在悄然褪色。在该恋爱的时候，因为忙于思考，她对向她走来的人无暇顾及，连对方远去的背影都来不及看上一眼。她对生活说：看，从来都没有人爱我！她曾经有自己的职业，因为忙于思考，就把工作辞掉了，然后把思考变成了自己的职业，却不知道这其实是种病症。她对自己说：看，我活得毫无价值！她本来有亲情与社会关系，从中享受过快乐。但自从她开始思考，她不停地向周围人询问"为什么"，结果亲人、朋友、同学不堪其烦，离她而去；关系渐渐中断，她陷入了孤单。她对别人说：看，人多么冷漠！

因为思考，当事人渐渐失去了这一切，又因为失去这一切，她更加陷入思考。在思考中，她躲避了生活的困难；在思考中，她拒绝了成长的资源；在思考中，她追逐着逻辑的形式；在思考中，她失去了生命的自由；在思考中，她抓住"为什么"不放；在思考中，她把生活放在一边；在思考中她把一切都扔掉了，思考便成了她的全部；在思考中她牺牲了生命的本质，思考还让她义无反顾。当生活的资源从身边流过时，她独坐一隅，独自思考得热火朝天；当生命的风景在周遭凋零时，她持守着一个虚幻的信念，坚决要找到绝对的答案。她如此执着，如此专注，听不到旁人在发笑——不是为了嘲笑，而是为了提醒。她对整个世界说：不要烦我，因为我在思考。

但当事人不是在进行笛卡儿式的哲学思考，她的思考不是"我思故我在"的意义，不是认识论意义上的自我反思，不是自我觉察，也不是为了给自己的生命寻找一个存在的基础或依据。相反，她越是这样"思考"下去，她的存在基础就变得越薄弱，她的生命条件就越凋落，她的成长空间就越狭小。当她的"思考"成了问题时，她的"存在"也成了问题，结果变成了"我思我不在"，因为她在"思考"中丧失了自己。

问题探索：为了什么

症状之所以发生和维持，不仅有其原因，还有其动机。直面疗法不仅探索症状背后的原因（"为什么"），还关注症状所反映的动机（"为了什么"），即当事人抓住症状不放，到底是为了什么？

症状是一面镜子，透过它可以看到当事人的生活困难及其应对策略。从直面心理学的角度来考察，心理问题反映这样一个本质：当事人不愿面对生活困难，试图通过潜意识的方式把它们转移到别处。他这样做的目的本来是为了获得心理上的舒适，不料却让自己陷入了心理困扰。症状包含着一套回避性的应对策略，其操作程序大致是：把个人的内心冲突或生活的具体困难进行归因性阐释，或归因于偶然看到的一个词（如"原罪"）或一句话（如十年前读到的一本书上写的"与人交谈要看着对方的眼睛"），或归因于某个事件（如考试差两分），或归因于身体上的某点问题（如"颈椎不够标准""眼睛干涩"）。这种归因阐释造成的后果有：（1）个人生活的具体困难被转换成为象征性的困难；（2）当事人对生活艰难的畏惧变成了对象征性困难的恐惧；（3）当事人放弃对生活困难的关注，转而盯着象征性的困难不放；（4）致力于寻找某个象征性的解决办法，如通过消除"原罪"来解决人际关系的困难，通过处理"眼睛干涩"来解决情感受挫的困难。但症状的本质就在于，象征的方式永远解决不了实际的困难，反而把"原罪"和"眼睛干涩"变成了永远的困难，即症状。

症状反映当事人的个性特征与生活风格，大致有以下几个方面：

1. 性急。当事人为症状受苦，心里焦躁不安，不断问"为什么"，急不可待地要求立刻找到解决一切问题的办法。因为找不到，就变得更加焦虑起来。

2. 自作聪明。为症状所苦的人，往往是聪明的人。聪明本是好事，自作聪明却惹了麻烦。"为什么"便是当事人自作聪明的方式，这反映他试图用一套逻辑化的技术来挑起辩论，从而找到解释一切、解决一切的答案。

3. 不安全感。症状的内在根源是不安全感，当事人正在受到这种不安全感的驱动，无休止地询问"为什么"，他有一个存在潜意识中的目的，就是要"知道一切"，以为知道一切才会安全。在追求"知道一切"的路上，他没有变得安全，反而变得更不安全。

4. 拒绝规则。症状侵袭的对象往往是一群被娇惯的孩子，他们无法接受"分别善恶树上的果子不可吃"，一定要吃遍所有树上的果子。不然的话，他们就无休无止地问"为什么"，无休无止地思考、询问和辩论下去，坚决不肯适应世界的规则，要求地球围着他们的意愿旋转。

5. 逃避。当事人不愿意面对和接受生活的复杂性和不确定性，要找到一个地方躲藏起来，找到一个东西保护自己，结果他们找到了症状。"为什么"成了他们逃避生活困难的理由，获得心理安慰的法宝。他们反复问"为什么"，不断引发辩论，目的是争取机会为自己辩护，让自己继续待在症状的堡垒里。症状的本质是逃避，但逃避往往是一种潜意识的行为，当事人在逃避之中，却不知道自己在做什么。

问题处理：我不知道

有一定要弄明白"为什么"的来访者，也有一定要回答"为什么"的咨询师。一个是什么都要知道，一个是什么都知道。在他们那里，心理咨询变成了求知与告知。结果，来访者的"为什么"越来越多，咨询师的答案越来越穷于应付。原因很简单，"为什么"不是求知行为，而是永不餍足的症状行为。

直面心理学探索的一条医治之道，就是帮助当事人学

逃避的憾

习"安于不知道"。"安于不知道"不是一个方法,而是一条自我修炼的路,通向自我觉知。我发现,来访者之所以不断询问"为什么",是因为他们失去了"本知",不知道自己是谁,以至于把求知变成一种盲目的症状行为。"本知"是指人对自身的根本觉察,它有一个根本点:人不可能全知。当一个人意识到这一点,他就具有起码的"本知",发现了自己,并且开始了自我成长。作为直面心理学的医治策略,"安于不知道"的目的是限制当事人的盲目求知,让他回到"本知"的地方,再从"本知"出发,去追求自我成长。对于当事人来说,"安于不知道"有这样几个具体的途径:(1)与我无关,无须知道,这是直面心理学方法里所说的"拒绝能力"。(2)多问自己,少问别人,这是直面心理学方法里所说的"自省能力"。(3)有所知,有所不知,这是直面心理学方法里所说的"超越能力"。

对于咨询师来说,"安于不知道"给他的启示是,要抑制自己总要给出答案(好为人师)的欲望,留下空间让当事人自己经历"安于不知道"的自我修炼。来访者与咨询师不是"求知"与"告知"的关系,咨询师可以对求助者说:我不知道。在许多情况下,说"我不知道"比说"我知道"更有利于建立治疗关系,更有利于产生治疗效果。"什么都知道"的咨询师不是一个真实的咨询师，因而也不是一个好的咨询师。就像来访者不需要"知道一切"一样，咨询师也不需要"回答一切"。

举一段对话为例：

当事人：我不明白。

咨询师：你可以安于不知道。

当事人：但是，你让我配合，我不知道怎么配合？

咨询师：坐在那里安静五分钟，让自己体验安于不知道，这本身就是配合。

当事人：我不懂。

咨询师：如果你不懂，你可以对自己说：我安于不懂。

当事人：如果我什么都不明白，什么都不懂，那以后我怎么生存呀？

咨询师："安于不知道"会让你生存得更好，"要知道一切"反而会让你活得很糟。

当事人：那好吧，你告诉我，"安于不知道"到底是什么意思？

咨询师：你可以问一问自己，为什么他要告诉我这五个字——"安于不知道"？

当事人：你直接告诉我不就好了，为什么绕来绕去？

咨询师：我一直在告诉你，你到现在还不知道。

当事人：你才说要"安于不知道"，现在又说我不知道。你到底是让我知道，还是让我不知道？

咨询师："安于不知道"不是"知道一切"，而是接受自己"有所知道，有所不知道"。

当事人：如果我不把一切都弄明白，我怎么活下去？

咨询师：你已经活到30岁……

当事人：那人生的意义到底是什么？

咨询师：我不知道。

当事人：如果我不知道人生的意义，我怎么活下去呢？

咨询师：我不知道。

当事人有一个信念：把一切弄明白了，问题便解决了。直面心理学却有另一个观念："安于不知道"，问题便解决了。人的本质是，他不是全知的。人的基本困扰源自"我要知道一切"。我相信合乎度才有自由，合乎规范才有安全。这便是"从心所欲，不逾矩"的境界。而"安于不知道"里有中国人所说的"难得糊涂"的智慧，也包含西方人所说"承受暧昧"的能力。当咨询师敢于说"我不知道"，他就变得成熟了；当求助者能够"安于不知道"，他就开始成长了，开始认识自己了。

智者是谁

　　一只兔子在芒果树下睡觉，有一颗芒果落下来，发出一声响，把兔子从睡梦中惊醒了，它以为世界末日来了，跳起来撒腿就跑。其他兔子看到，就问它为什么跑这么快，兔子告诉它们："世界末日来了。"于是其他兔子也跟着奔逃。后来，动物王国的动物一个个都加入了狂奔……

智者救了动物王国的故事

　　我常常讲述上面这个故事，它是一个原型。在这个故事的后面，出现了一位智者。

　　智者看到动物狂奔不已，就上前询问最后一个加入飞奔的动物："为什么要如此奔跑？"智者被告知："世界末日来了。"智者心里想：世界并没有到穷途末路，如果动物们这样惊慌失措地狂奔下去，反而会导致自己的毁灭。于是，智者开始一个接着一个去追问："是谁告诉你世界末日来了？"最后追到那只最早传出谣言的兔子。智者问它："当你以为世界末日来了的时候，你身在何处？在做什么？"那只兔子告诉智者："我在一棵芒果树下睡觉。"智者一听，心里便明白了，说："可能是树上有芒果落下来，你受到惊吓，便以为世界末日来了。让我们一起去看看，是不是这么一回事。"于是，智者就带着动物王国的动物们来到兔子睡觉的那棵芒果树下，果然在那里发现一只落下来的芒果。大家这才明白："世界末日"原来是一个芒果。

就这样，智者救了动物王国。

"芒果"是怎样造成"世界末日"的

这个寓言跟我的工作相关。我每天接待人，跟他们交谈，人们称之为心理咨询。心理咨询是怎么进行的呢？那情形如寓言所描述的：前来咨询的人，一个接着一个从生活场中奔逃而来，跟我在咨询室里"相遇"。看着他们惊魂未定的样子，我问他们："发生了什么事？"他们告诉我："世界末日来了。"当然，这不是他们的原话。但从象征的意义上看，他们是被各种各样的"世界末日"追赶着，跑到我这里来——有人说："我完了，因为我不停吞咽口水，几年来都控制不住。"有人说："我总是担心窗外雨滴的声音，以至于我根本无法集中心思学习。"有人说："我害怕出门会踩上钉子，得了破伤风，因此不敢出门。"有人说："我完了，因为我肥胖。"有人说："因为脱发，我都不想活了。"有人说："我天天都担心楼上有人扔易拉罐。"有人说："我害怕走在路上，天上会落下一块陨石，正好砸在我头上……"

面对这一个个来访者，我作为咨询师，所思所想有点像寓言中的智者：世界还没有到穷途末路，吞咽口水不会完了（不咽口水才完了呢），窗外雨滴声也不是完了（天不再下雨我们才完了呢），出门万一踩上钉子也不等于完了（躲在家里不出门才让自己完了），还有肥胖、脱发、易拉罐、陨石，所有这些都不是世界末日。"世界末日"本是虚幻的，但他们信以为真。他们长期为之担心，用这些吓唬自己，每天惶惶不可终日，长期奔逃不已。咨询师不仅要止住他们的奔逃，还需要了解问题产生的根源，如同寓言中的智者，去陪伴当事人，跟他们一起走回到生活中去，找到他们的"芒果"，让他们发现，原来"世界末日"不过是一个"芒果"。

但做到这一点并不容易。当事人前来寻求咨询，大多想得到一个方法，而且急不可待——他们问：怎样可以解决吞咽口水的问题？怎样不受雨滴干扰？怎样保证出门不踩上钉子？怎样证明陨石不会落下来？如此等等。但我知道，即使我能找到办法，对他们也无济于事。即使我按他们的要求做到这一切，也不能消除他们内心的恐惧。何况根本没有这样的方法，何况他们的要求是不可能实现的目标。问题不在这里。

我们知道，在臆想的"世界末日"的背后，一定有生活中的"芒果"，但我并不急着把真相告诉他们。真相常常太简单，简单得让人难以置信、无法接受。心理咨询不是简单地说出真相，而是跟当事人建立关系，跟他们一起探索，让他们在探索中自己发现真相，从而获得觉察。因此，像故事中的智者一样，我问当事人一些问题，譬如：为什么你觉得吞咽口水（窗外雨滴声、踩上钉子……）这么可怕？从什么时候开始害怕？产生这个感觉的时候，你在哪里？发生了什么？这些问题可以引导当事人沿着奔逃而来的路往回走，走进生活，去探索问题的起因，去了解自己的内心，去经历一个从假象（"世界末日"）到真相（"芒果"）的过程，直到发现"世界末日"原来是一个"芒果"！

发现了"芒果"，并不是最后的结果。"芒果"不过是发生的事件，是症状的诱因，在直面心理学看来，症状的真正根源，不是现实中发生的事件，而是我们内心里储存的恐惧。"芒果"（事件）变成"世界末日"（症状），不是生活层面上的前因后果，而是心理转化的结果。

每个人的内心都有一个恐惧源，它的储量有大有小，因人而异。在有些人那里，它是适度的，在另一些人那里则是过度的。这个恐惧源里有本能的恐惧，也有人生成长过程中遭受威胁、伤害所造成的恐惧，我们称之为文化的恐惧。

每个人的内心还有一个逃避机制，其功用是帮助人逃避生活艰难，逃避让他们感到害怕和不舒服的东西，而且，它还会制造一些理由，让人逃避得心安理得。但这个逃避机制的运作往往不被人意识到，因为它是潜意识的行为。当一个人获得了一定的自我觉察后，他会有意识地选择直面，而不是逃避。

当一个人在成长过程中遭受太多的威胁与伤害，他内心里会积累过度的恐惧，从而形成极深的不安全感；这种过度的不安全感会激发过度的逃避，并最终形成症状。简单地说，症状是逃避的理由。

我们大概可以这样描述症状形成的过程：一个人内心的恐惧储量太大，他会觉得生活环境充满威胁，内心总是惶惶不安。当某时某地，他遇到突发事件的刺激时，他内心的恐惧就会做出反应，从而激发出过度的逃避行为。他一路逃避下来，并且不断用理由来强化这种逃避，这就形成了症状。这个转化，正如寓言所述，发生在这样一个时刻：一颗芒果从树上落下来，发出的声音刺激了兔子内心的恐惧源，让它感到极度的恐惧，兔子立刻调用它的心理逃避机制，把"芒果"加工成"世界末日"，继而开始狂奔，以为自己在逃避"世界末日"，其实是在奔向自己的末日。

同样，当我的求助者向我报告他们害怕的东西——咽口水、雨滴声、钉子、肥胖、差两分、掉头发、易拉罐、陨石等，我却透过这些症状，看到他们内部长期积聚的恐惧源，看到沉淀在潜意识里的不安全感，看到他们在现实环境中风声鹤唳、草木皆兵的感受，看到他们在怎样用自己臆造出来的各样假象，把自己吓得心惊肉跳，然后慌不择路地奔逃不已——他们自以为是在逃避"世界末日"，岂不知自己正在奔向"世界末日"。

你在关注什么

透过症状，我还看到当事人生活中的经验，成长中的伤害，及其回避生活的态度。面对生活中的问题，他们像鸵鸟一样把头扎进沙堆，以为看不见问题，问题就不存在了，就可以不为之烦神了。他们害怕问题，只想回避它们，却不想面对它们。这样一来，他们就把生活的问题转移到自己的内心，使之变成了心理问题。荣格说："神经症是合理受苦的替代品。"当人们总是逃避生活中的合理受苦

时，他们可能会陷入内心中症状的苦。合理受苦就是一个
人为了成长而必须受的苦，因为受这些苦，人获得了成长。
但是，为症状而受的苦，却是无意义的苦，因为症状的本
质是逃避生活，逃避成长。当人们避开了现实中让他们感
到害怕的东西时，他们就陷入了虚幻的恐惧之中，他们为
了战胜恐惧的努力就失去了真正的方向。咽口水、雨滴、
钉子、肥胖、掉头发、易拉罐、陨石，这些不过是当事人
回避的人生问题的替代品，是潜意识中的逃避机制为他们
制造出来的理由。只是他们无法料到，这些"替代品"或"理
由"并不能帮助他们解脱心理痛苦，甚至使他们试图摆脱
痛苦的努力成了捕风捉影。

　　了解症状，实施治疗，很关键的两点是：你在关注什
么？你在哪里用力？具体一点说，你是关注真实，还是关
注虚幻？你的力量是用于真实的领域，还是用在虚幻的领
域？生活是真实的，症状是虚幻的。关注生活，才会有所
收获；关注症状，如同在野草上施肥。当一个人敢于面对
生活，能尽力承担生活的艰难，解决人生的问题时，他就
获得了成长；当一个人习惯于回避生活，把各种问题搁置
一边，让它们不断累积，以致积重难返时，他就发展出了
症状。症状是生活困难的替代品，是问题的象征，而不是
问题本身。许多当事人坚持认为，只要消除了症状，什么

问题就都没有了，他们从此以后就可以轻松、快乐了。但症状是从问题成堆的地方长出来的，如同垃圾堆发出的臭味，如果不去处理积累起来的一大堆问题，症状就会持续存在，如同垃圾的臭味不会消失。同样，心理治疗不是单向地、表层地去处理外显的症状，那只是治表不治里。真正的治疗，是协助当事人回到他的生活中去，切切实实解决生活中的问题，因为症状的根源在那里。要让当事人做到这一点，需要让他学会关注生活，处理长期逃避的问题，不管多么麻烦，都必须去面对，都必须着手解决它们。当这些问题得到处理，症状就失去了根基，就会自行减轻、消解。这种方式，对当事人来说叫成长；对治疗者来说，叫釜底抽薪。

俗话说，尸体在哪里，鹰就在哪里。意思是说，你关注什么，你就会去做什么，然后你就会成为什么。咽口水之所以成为症状，是因为当事人长期盯着它不放，并且一直在这个上面用力，把生活中的其他问题置于一边不管不顾，坚持关注咽口水，全力去解决咽口水，乐此不疲，不离不弃，一边为之担心与焦虑，想一下子除掉它，一边又害怕失去它，甚至极力保护它，因为，如果没有了症状，他就必须去面对成长的艰难，而他本来就是害怕成长的艰难而逃到症状里来的。于是，当事人一直在冲突里。关注雨滴声也是如此。因为关注症状，不能在适当的地方合理用力，当事人只能让自己的生活长期受到症状的干扰和破坏。其他的关注，如害怕出门踩到钉子，害怕肥胖，害怕脱发，害怕天上落下陨石，都是这样一种强迫性的关注。结果是，这些关注症状的人，就生活在症状里，就成了带着症状的人，成了患者或病人。

我想到一个故事：有一天，一个人低着头走路，在地上捡到一枚硬币，从此之后，他每天都低着头走路，眼睛扫视地上的各个角落，为的是找到硬币或其他什么。他一生都这样低着头走路，拾捡地上的东西。最后他老了，死了，人们发现，他的房子里堆满了硬币、铁钉子、铁丝头、螺母、短绳头……人们就用多少枚硬币、多少根铁钉子、多少根铁丝头、多少个螺母、多少根短绳头来描述这个人的一生。

我对求助者说：现在来看看，你在关注什么？如果继续关注下去，5年之后、10年之后，你的生活会是怎样的？你自己会成为什么？你会怎样描述自己？你每天低着头走路，为自己找来了咽口水、雨滴声、踩钉子、易拉罐、肥胖、脱发、陨石，你天天关注它们，把生活中值得努力的东西放在一边，不想去成长，只是抱着症状不放，让症状挤满了你的生命，症状就成了你的生活，就成了你自己。当你老了，回顾一生，你可以这样描述自己：10年怕咽口水，

15年怕踩上钉子，20年怕陨石落下来……你不知道，或者，到了那里，即使知道了也悔之不及——原来你害怕的这些东西是一个个假象，而这些构成了你的人生。

谁是智者

在人类文化里，在人性里，有一种很深的恐惧与逃避倾向，症状的内在根由便是：过度的恐惧导致过度的逃避。如果我们陷入逃避，我们其实是在逃避真实的自我，逃避生活的真相，最终逃避生活本身。当我们逃避自我，我们成了病人；当我们逃避生活，症状就成了我们的生活。

直面的治疗，是跟当事人一起去探索和发现症状背后那些被逃避的东西，这些东西可能正是我们生活的根本，因为被回避了，它们反而在暗中成了症状。例如，我们不愿面对自己的有限，因此采用一切方式去回避它，掩盖它。结果是，它在暗中变成一种我们难以觉察的死亡焦虑，它采用了症状的形式来控制我们，让我们的行为看似逃避死亡，却是奔向死亡，但我们自己却还不明白。如果要我选择一个词来描述症状的本质，我选择"逃避"；如果要我用一个词来概括治疗的本质，我选择"直面"。当一个人能够直面，他就会觉察到：不是世界末日来了，而是一颗芒果从树上落下来了。当一个人能够觉察，他就成了智者。智者不只是佛祖，不只是耶稣，不只是治疗师，智者也是当事人自己。智者是居住在潜意识里的智慧老人（荣格的说法），是机体深处的智慧自我（罗杰斯的说法），是人内心的医生（希波克拉底的说法）。我们可以说，每个人内部都有这样一个智者。当一个人狂奔的时候，是他内心的"病人"在狂奔，而他内心的"智者"睡着了。当他内心的"智者"醒来，他就会停下脚步，不再狂奔。直面的医治，就是唤醒当事人内在的智者。当智者醒来，发现了世界的真相，发现了恐惧的根源，便开始重新选择——不再逃避，而是直面。

下面是直面的治疗师给求助者布置的一篇作业：

1. 阅读并理解"智者救了动物王国"这个寓言。

2. 阅读以下阐释，跟你的理解做对照。

这个寓言故事是一个原型。原型故事是描述人类行为和生存状态的一种最单纯的模式，它可以帮助我们理解和阐释自己的生活。在我看来，这是一个关于"逃避与直面"的故事，具有丰富的医治与成长的意义。

（1）发现你的芒果：兔子被芒果落地的声音吓坏了，产生"世界末日来临"的感觉。这是一面镜子，可以鉴照你自己在怎样体验生活。例如，考试的失败、老师的批评、上司的不满给你带来的感觉是什么？是世界末日吗？如果是，这时你就成了一只惊慌失措、落荒而逃的兔子，奔逃在自己的迷惘里。你现在得停下来，回过头看一看，你到底在逃避什么？是芒果还是世界末日？如果是世界末日，你需要把"世界末日"还原成"芒果"。

（2）觉察你的行为：恐惧是正常的，逃生是合理的，但是，过度而虚幻的恐惧激发的是背道而驰的奔逃，也就是说，一个人以为自己在逃避世界末日，却不知道正在奔向自己的末路。

（3）了解恐惧的性质：恐惧是传染的，正如故事中所描述的，"世界末日"的恐惧从一只兔子传染给一些兔子，再传到鹿，最后传染了整个动物王国中的动物。这种现象叫"群体恐惧"。人被恐惧感染之后，更容易受支配、受控制。个体是这样，群体也是这样。当一个人或一个群体陷入极度而莫名的恐惧时，他们会变得甘愿受控制，自愿放弃自己，把自己交给控制者。这样一来，控制者就从群体那里获取了巨大的能量。在直面心理学看来，控制者可以是一种症状，它的力量是当事人赋予的；控制者也可以是现实生活中某个具体的人，因为我们害怕他，他就有力量控制我们；控制者也可以是某种势力，为了达到控制群体的目的，他们会先行制造一种恐惧，把它散布于人群里，让所有的人受到感染，然后走出来声称有解救之方，从而控制这个群体。这是历来所有控制者的秘密武器，也是症状的秘密武器。现在你了解了这个本质，就不要再继续狂奔了，可以回头了，你会看到，"世界末日"不过是树上落下来的一个芒果，一个芒果而已。它本身并不具备毁灭你的能量，除非赋予它能量，让它毁灭你。

　　3.把这个故事套入你生活的某一个场景之中，问自己一些问题：我在逃避什么？我为什么而逃？在逃往何处？我是否可以在逃避的途中做一个停留，让自己回头看一看，弄明白？

你在哪里

在面谈过程中，他反复抱怨，说那个城市如何不好，说那里的人怎样有意跟他过不去。我心里想，小时候他可以把桌子的一角锯掉，现在却没有一把足够大的锯子，把这个大城市从地球上锯掉。因为做不到，他就让自己"病"了……

人的虚妄

在我个人的生命体验和辅导经验里，时时体会到人的虚妄。心理症状反映人的一个基本的虚妄是：不安于做自己。古人说："我与我周旋久，宁做我。"我体会其中的意思是说，一个人需要做自己，而不是跟别人比来比去，受到太多的牵扰，最终就做不成自己了。

霍妮有一个比喻，一颗橡树的种子里含有一个渴望：
"我要长成一棵高大的橡树。"人的生命内部也被赋予了
一个渴望："我要长成自己。"

但在成长过程中，有许多阻碍和破坏的因素，使人不
能成为自己，反而让人发展出一种虚妄的心态：成为别人，
成为天才，成为神。

我在辅导中会使用一个方法，叫接续完成句子。其中
有一个句子的前半句是"我真想……"许多青少年接续完
成的部分是："成为上帝""成为神仙""成为天才""成
为魔术师"，等等。我因而知道，这些青少年生活中遇到
困难，承受着压力，对自身的能力不满意，不愿意在现有
的条件下去克服困难，就不想做自己了，就想做"上帝"。
他们以为，如果自己成了天才，成了魔术师，成了"上帝"，
一切问题就都可以解决了。

《旧约·创世记》里这样记载：亚当和夏娃住在伊甸园，
每天自由自在地生活着，几乎是想做什么就可以做什么，
想吃什么就可以吃什么，但"上帝"给他们的自由做了一
个限定，"园中所有树上的果子都可以吃，唯独分辨善恶
树上的果子不能吃。"然而，蛇对夏娃说："你们吃了果子，
眼睛就明亮了，你们便像'上帝'一样能知道善恶。"这里，
关键之处不在于人"知道善恶"，而在于他们要"像'上帝'

一样"。这便是人的虚妄。

人性里有想成为"上帝"的虚妄，因此人要建造巴别塔，通到天上去，可以跟"上帝"同等。其实，贯穿人类历史，人类用各样的方式建造着自己的巴别塔，它反映着人类欲望的肆意膨胀。当科学的目的不是为人谋福利，而是要控制一切，要满足实际上根本无法餍足的好奇心时，它的本质就是人要"像'上帝'一样"，就是建造巴别塔。这种欲望可能通过神经症和精神病的形式表现出来，也可能体现为各种类型的极端主义，包括政治的极权、宗教的异端，以及各式各样的完美苛求与强迫行为。例如，夸大妄想患者宣称自己智慧无双、富甲天下、权倾一方，他们自称耶稣基督、释迦牟尼、古代君王、现代总统，不一而足。虽然表现形式不同，其本质却是一样的：人不愿意在一个不稳定的世界里做一个有限的自己，他的行为就像是提着自己的头发试图让自己脱离地面。在所有这些行为里，我们看到的是，人失去了自己，逃入虚妄。

人的逃避

在直面心理学看来，心理症状的本质是逃避，常常表现为逃避责任。逃避责任的方式多种多样，很典型的是怪罪他人、归咎环境，让自己的逃避显得正当，很有理由，这就是一种合理化的心理防御。

我举一个例子：

有一对夫妻带儿子前来寻求咨询，谈话中讲到儿子小时候的一个故事。一天，儿子在家里跑来跑去，一不小心，头撞在桌子角上。他接下来的反应是，责怪桌子角不好，一定要把桌子角锯掉。他哭着闹着，不依不饶，最后父母只好找来一把锯子把桌子角锯掉，这事才算了结。后来，这对夫妻调动工作，他们的家从县城搬到一个大城市。这时儿子已经是一个高中生了，进入一个新的环境后，产生了严重的适应困难。在那几年的时间里，他一直责怪父母不该搬到这个城市来。在面谈过程中，他也在反复抱怨，说那个城市如何不好，说那里的人怎样有意跟他过不去。我心里想，小时候他可以把桌子的一角锯掉，现在却没有一把足够大的锯子把这个大城市从地球上锯掉了。因为做不到，他就让自己"病"了，而这个"病"，在我看来，就像一把无形的锯子，把他的生活锯得七零八落。

回到《圣经》中伊甸园里发生的故事：亚当和夏娃吃了禁果之后，藏在园里的树木中。我非常留意"园里的树木"这几个字。它不只是一个具体的地方，更是一个逃避的象征。在我们的生活中，在我们的内心里，到处都有这样的逃避之所。我们以为，躲在"园中的树木"中，就可以逃避责任，可以不承担错误的后果，可以不去做本来应该做的事情，而且很有理由。因此，当"上帝"就此事跟亚当当面对质的时候，亚当回答说："你所赐给我与我同居的女人，她把那树上的果子给我，我就吃了。"显然，他的意思是说，这事怪不得他。要怪的话，首先得怪"上帝"，把这个女人赐给他，才发生了这事。其次得怪这个女人，是她把树上的果子摘下来，送到他面前让他吃的。这样一来，吃禁果的事，就成了一件跟他无关的事情，他就可以逃脱他本来应当承担的责任。接着，夏娃用同样的方式逃避责任，说蛇怎样诱惑了她。而蛇的诱惑之所以得逞，是因为那个深植于人性中的欲望：想"像'上帝'一样"。因此，根本问题在于人，人必须承担自己的责任。

我又想到一个故事，说在美国有一位牧师，星期日临近了，但他还没有想好讲道的主题。这天他正坐在书房里苦思冥想，他6岁的儿子彼得在周围跳来跳去，让他完全不能集中精神思考星期日的讲道主题。牧师灵机一动，随手从书架上取下一本画册，翻到其中一页世界地图。牧师把世界地图撕下来，撕成碎片，对儿子说："彼得，如果你把这张地图拼出来，我给你一块钱。"儿子捧着一把碎屑出去了。牧师心想，这下他可以安心来思考讲道主题了。却没想到，不一会儿，儿子就跑进书房，喊道："爸爸，我把世界地图拼出来了。"看着儿子手里那张拼得整整齐齐的世界地图，牧师暗自惊讶，儿子对世界地理可是一无所知呀！这时儿子道出了秘密：他把世界地图的背面翻过来给爸爸看——原来，那是一张人头像，他把人头像拼出来了，世界地图也就拼出来了。于是儿子得意地说："你看，人对了，世界就对了。"听到这话，牧师心里另有一番感悟："是啊，人对了，世界就对了。"

"人对了，世界就对了！"——这句话就是牧师在那个星期日讲道的主题。

"人对了，世界就对了！"——这句话就贴在南京直面心理咨询研究所的墙壁上，可以提醒求助者，提醒我们自己，不要怪罪他人，不要抱怨环境，要有勇气去承担自己的责任。

医治者的呼唤

因为害怕，人会逃避，还制造各样的理由，把逃避行为解释得很合理，就像故事中的亚当和夏娃，不仅躲在"园中的树木"里，还编造理由，推卸责任。他们所做的一切只是为了表明一点：错在他人，错在环境。这时，他们其实躲在自己的内心里，用各样的理由来防护着。但是，非常重要的是，"上帝"在呼唤——"你在哪里？"这呼唤的声音弥漫了整个伊甸园，躲在"园中的树木"中的亚当和夏娃都听到了。最开始，他们听而不闻——我听不见，然后他们开始觉得心烦——为什么我要走出去？再后来，他们有些动摇了——是不是要出去？最后，他们走出来了——他们必须前来面对"上帝"，面对自己，面对事情的真相，勇敢地承担后果。

我一直认为，故事中这个在伊甸园里呼唤的"上帝"，便是一个医治者，是医治者的典范，他有一颗医治的心，这医治的心不是强迫，不是指责，总在呼唤。

直面心理学的基本观念是：症状的本质是逃避，而医治的根本是直面。但逃避容易，直面却难。我时常感叹，在人那里，逃避的理由何其多，逃避的树林何其深，而直面的医治何其难，以至于在这个过程中，我们——不管是求助者还是医治者——有时候都想放弃，心里在说："我能做到吗？"

但我也慢慢明白，医治的过程其实是一个不断呼唤的过程，医治者像故事中的"上帝"那样呼唤"你在哪里"，而且一直呼唤下去。我无法知道，在亚当和夏娃从"园中的树木"中走出来之前，"上帝"在园中呼唤了多久，呼唤了多少遍。但我相信，只要他们不走出来，"上帝"就会一直呼唤下去。作为医治者，我们也一直那样呼唤。

仿佛记得一位西方的心理学家这样说，他最开始接待求助者的时候，会问对方："你好吗？"（How are you?）当治疗往下进行的时候，他会问对方："你在哪里？"（Where are you?）我进而想，如果面谈朝更深处进行，他还可以问："你是谁？"（Who are you?）这些提问，颇具启发性和震撼力，目的是让对方进入真实的生活境遇，面对真实的自己，从而获得真正的觉察，重新做出选择。这些提问，也是呼唤。

人生常常被喻为一场旅行，旅行者需要带上一张地图，随时查看要去的目的地、所行的方向，以及自己目前所在的位置。一个医治者，也需要了解自己在人生旅途中走到了哪里。在我的名片上，印有一句话："你在哪里？"不管生活在何种境况里，这句话都给我带来一种内在的提醒，让我不断去探索一些根本的方面：我是谁？我能承担什么？我对生活有什么期待？我现在在做什么？

在治疗中，我会问求助者："你在哪里？"在生活中，我也这样问自己："你在哪里？"

态度的治疗

在他的期待里，大学不是这样的，这里的一切让他感到失望。他巴不得有什么魔法把这座大山移到身后去，从他的生活中消失，他不要这样的大学，不要爬这座大山。然而，不管他怎样呼喊，大学依然是大学，并没有变成高中……

直面的治疗

直面心理治疗，从根本上说，是一种态度的治疗。在直面心理学看来，心理障碍反映的根本情况是：不是"人"病了，而是"态度"病了。

人的态度有两种：一是逃避，二是直面，它们也是人性的两种基本倾向。"病"的本质是一种逃避的态度，以及由此产生的种种逃避行为。

态度是怎样形成的呢？关键是阐释。人是文化的动物，文化是用来解释行为的，因此也可以说，人也是解释的动物。人与动物的区别在于，人会对自己的行为做出解释，而动物似乎不会。之所以说阐释很关键，是因为人在怎样阐释他的生活，他就在过怎样的生活；人在怎样阐释自己，他就成了怎样的自己。好的阐释创造了意义，使人成长；不好的阐释制造了症状，使人躲在里面逃避成长。

症状显示这样一个基本的心理过程：因为受伤，人感到害怕；因为害怕，人不愿面对；因为不愿面对，人就想逃避；因为逃避显得不好看（文化的作用），人就会寻找理由来解释或掩饰；太明显的理由连自己都说服不了，人的潜意识就会出来帮忙制造一个理由；有了一个合理化（让自己相信）的理由，人就开始了逃避。逃避久了、深了，就成了症状。因此，我们说：症状是逃避的理由。但这样说，当事人会觉得冤枉，因为他不知道，他不是有意的。

关于直面的治疗，我常说一句话：不是事实，而是关系；不是真理，而是解释。直面治疗的本质，就是通过建立关系，通过重新阐释，帮助当事人在内心里建立直面的态度，在生活中自觉选择直面的行为。

直面的态度和行为，归结为一句话：虽然感到害怕，依然尝试面对。

案例

有一个大学生前来寻求心理咨询，他的症状显示为这样一些问题：不跟同学交往，放弃学习，沉溺网络游戏，结果导致多门功课不及格，面临被学校退学的处罚。了解当事人的过去，发现他从小学到高中，从来不跟同伴交往，把所有的时间都用于学习，只求成绩好，考上名牌大学。因为成绩好，听话，长得好，他所到之处，成为人们关注的中心，受到老师的赞扬，同学的羡慕，家人的宠爱与保护。他受到所有人的保护和照顾，不用做任何事情，不用参与任何活动，他压抑自己所有的愿望、欲求和乐趣，只是为了实现考上重点大学这个目标。结果他如愿以偿，却出现了问题。到了大学，他发现自己原来是大学生中普通的一员，失去了往日的光环。而且，因为缺乏人际经验，思维太单一，行为反应幼稚，生活能力不足，他不断受到挫伤，导致自卑、逃避、自暴自弃、回避同学、沉溺网游，失去了学习的动力，对未来也没有了目标。在谈话过程中，我发现他的内心里有一个非常强烈的愿望——回到他那最为光彩照人的高中时期，因而对现实中所发生的一切采取了拒不接受的态度。辅导即从这里开始。

我们要改变什么

我在面谈中给当事人讲了一个故事：

释迦牟尼带众弟子外出游历，一路上给他们讲授诸般人生智慧，其中谈到信心，释迦牟尼说："信心的力量是无限的，有了信心，可以移山。"正这样说着的时候，他们眼前出现了一座大山，挡住了去路。要翻过这座大山，真是太不容易了。于是众弟子要求释迦牟尼："师傅，请用你的信心把眼前这座山移到我们身后去。"释迦牟尼想了想，向大山呼喊道："大山，你挡住我们的去路了，我命令你移过来，移到我们身后去，好让我们继续赶路。"看到山纹丝不动，众弟子面面相觑。释迦牟尼清一清嗓门，又一次用更大的声音向大山呼喊："大山，我命令你移过来。"山依然不动。众弟子开始交头接耳。这时，众弟子看见，释迦牟尼师傅神态从容、步伐稳健地朝大山走过去，一边说："既然山不到我跟前来，我就到山跟前去。"

讲完故事，我问当事人几个问题，并且跟他进行探讨。

1. 释迦牟尼知道不知道山根本不会移到他跟前来？当事人回答：他知道。

2. 那他为什么还在那里向山呼喊，难道不怕在弟子面前出丑吗？当事人回答：这我不太明白。接下来，我们就这个问题进行讨论，释迦牟尼的弟子们对事情有一种不切实际的、不成熟的期待，因而他们发现山不移动，才感到一头雾水。为了让弟子们真正获得领悟，释迦牟尼不惜现身说法，做一场生动的演示来教导他们。从这里，我们看到，释迦牟尼是一个伟大的老师。

3. 释迦牟尼说："既然山不到我跟前来，我就到它跟前去。"这句话是什么意思？这位大学生回答：在生活中，有许多事情是人根本无法改变的，但人可以改变自己。当事人的回答是好的，但这回答只停留在道理的层面，道理必须跟他自己的生活经验联系起来，才会产生自己的感受，才会获得真正的觉察。

4. 现在，看一看你的生活里有没有大山，它拦住了你的去路吗？以及你面对这座大山的时候，你是怎么想的？你在怎么做？

在接下来的探讨中，当事人发现这个故事跟他的生活之间的关联，他发现，在他的人生旅途之中，从小学到高中，一路平坦，他一直信心很足，但走到这里，他的眼前突然出现一座大山，就是他的大学。在他的期待里，大学不是这样的，这里的一切让他感到失望。像释迦牟尼的众弟子一样，他巴不得有什么魔法把这座大山移到身后去，从他的生活中消失，他不要这样的大学，他不要爬这座大山。这个故事如同一面镜子，让他看到，一年多来，他似乎一直在那里向大学呼喊："这样的大学是不对的，你必须像高中一样！"然而，不管他怎样呼喊，大学依然是大学，并没有变成高中。他感到沮丧，在人生的旅途中停了下来，内心里反复说：为什么这样？为什么这样？他反复说为什么这样，无法接受眼前的事实。

这，就是他的态度。

我说："在那个故事里，释迦牟尼说了一句话，既然山不到我这里来，我可以到山那里去。现在，面对你的大学，也请你说一句话。"

当事人开始不愿说，后来说了出来："既然大学不会变成高中，我就把自己从一个高中生变成一个大学生。"

这是一种阐释，也是一种新的态度。

这个态度，可以在当事人的内心里建立起来，可以对当事人生活中任何一个场景说话，比如，当工作不像我头脑里设想的那样时，我怎么办？当那个女孩不像我想象得那么完美时，我怎么办？当生活不完全是我所期待的那个样子时，我怎么办？

因果相生

面谈继续进行，我跟当事人对问题及其产生的根源进行探索与分析，探索和分析出来的情形就如同我在《从天堂来的孩子》一文中所做的阐述。

然后，我问当事人："你身上发生的这一切，在你现在看来，是偶然的、突如其来的、毫无来由的吗？"

当事人的回答很明确："这些迟早都会发生。"

此话一出，就表明当事人在态度上发生了一次转变。在此之前，他的阐释是：发生的这一切都是莫名其妙的。因此他感到困扰："为什么在我身上发生这样的事？"他无法理解，也拒不接受。现在，他理解了，也能够接受了。

对于心理咨询来说，接受本身就是一个重要的态度，用罗杰斯的话来说就是：接受是改变的开始。

接着我问当事人："你相信不相信，你现在所遭遇的这些痛苦和挣扎，对你来说是必须的、必要的，甚至是有意义的？"

在经历一番探讨之后，当事人意识到："是的，我现在所受的苦，或早或晚总要来到，只是在过去，我一次一次都躲过去了，现在，我必须受这个苦。如果这些苦对我来说是不可回避的，我就只能承受它们。"

这就应了陀思妥耶夫斯基说的一句话："我不是害怕受苦，我是害怕白白受苦。"

当一个人发现他所受的苦是有意义的时候，他就愿意承受这个苦，并且在受苦中成长。

好坏转化

许多家长对人对事有一个固定的看法：好就是好，坏就是坏。例如，孩子过去成绩好，一切都好。孩子现在成绩不好，一切都不好。这样看人看事，是一种孤立的、静止的态度。直面的医治者相信：好与坏在不断转化之中。前面"好"，不一定真的就"好"，更不会永远都"好"。当人为"好"而欢笑的时候，看不到"好"里隐藏有危机；当"问题"出现的时候，人们也看不到"问题"里潜伏着改变的契机。这是古人早已道出的智慧：祸兮福之所倚，福兮祸之所伏。

在咨询室里，当事人的母亲在流泪，我却在当事人身上发现了改变的可能与资源。当事人过去一味学习，不见得就完全是好；当事人现在沉溺游戏，也不见得彻底是糟。当事人过去只是在学习上表现"好"，但因为玩耍太少，压抑太多，他的潜意识里就留下了空缺，以至于到了现在，在生活中受挫的时候，他会去寻找一种玩耍的方式，一下子沉溺其中，不能自拔。这种迷恋网游的行为，看起来是不好的，但它的动机是出于寻找一种对过去的补偿。当当事人意识到这一点，并且在辅导的帮助下，他能够在现实中找到适当的途径以获得享受乐趣的需求，他就会在"太少"与"太多"之间获得合理的平衡，就会找到乐趣与意义的结合，改变就会发生。

改变的过程

当事人的基本情况是：陷入这种状态，非其所愿；曾经尝试改变，只是未能如愿。对此，治疗师应能够给予体谅，不能抱有偏见，更不要过于加以责备。我关心的是：为什么改变没有真正发生？我就此向当事人提出一系列问题，目的是引导他去探索其中的原因。我问："你过去肯定想过，不能这样下去，必须做出改变，是不是这样的？"当事人对我说："是的，我想过许多次，并且多次尝试做出改变，但总不见效。"我停了一停，才问："你是否接受做出改变需要一个过程？"当事人陷入沉默，我知道这个问题让他有所反思。

在生活中，许多人以为，改变只是方法的问题，只要找对方法，改变就会发生，而且会立竿见影，甚至，许多家长说一番道理，就期待在孩子身上发生立竿见影的效果。但事实是，改变并不轻易发生。在咨询室里，我们面对的是改变长期不能发生，以至于形成了心理的问题，而这背后，一个根本的原因就是：人们太相信方法，忽略态度，过于要求立竿见影，不能接受过程。对于那些受到过多保护的、在赞扬声中长大的孩子来说,更是如此。在他们心中,改变是魔幻的,是不需要经历一个过程的。他们以为,只要他们想改变,改变会像他们期待的那样发生;如果没有,他们很快选择放弃,并且在放弃中渐渐失去了信心,就会觉得自己太笨,环境太糟。

在当事人身上,我的一个基本发现便是这样:改变之所以没有发生,是因为改变必须像他期待的那样发生;改变之所以没有发生,是因为他想一下子改变一切,而不接受改变需要一个过程的事实。在面谈过程中,当事人有了一个发现,"原来,改变是在过程中发生的,要真正改变,我必须接受过程。"

这是一个新的态度,也是一个成熟的态度,它成了改变的先导。

改变的动力

在当事人身上,不仅有各样的问题,还有丰富的资源。治疗师需要帮助当事人发现和确认这些资源,它们可以成为改变的希望与信心。我在辅导过程中发现,当事人自身有很好的悟性,简直是一点即通,触类旁通,只是这个可贵的资源在过去却受到遮蔽,未能真正发挥出来。还有,当事人在过去的学习中,不只是成绩好,而且在功课之外有广泛的阅读。因此,虽然他缺乏现实的经验,但他的内部却积累了丰富的知识资源——经过治疗师的点化，以及他自身的转化，这些就成了智慧的资源。因此，我对当事人做了一个比喻：地面上是迷雾，迷雾下面是厚实的大地。

　　直面的治疗，也是树立信心的治疗，信心是从当事人内心里建立起来的一种态度，它可以成为当事人改变的动力。

咨询师的遗憾

　　第一次面谈就这样结束了，我意识到，这也将是我跟他的最后一次面谈。当事人离开面谈室的时候，他的神态简直是"风萧萧兮易水寒，壮士一去兮不复还"。我心里感到遗憾，却已无法挽回……

　　人们对自己未能做到的事，或做事过程中出的差错，或出现爱莫能助、无能为力的情况时，都会感到遗憾。对别人错失一个机会或遭遇一种丧失，人们也会表示遗憾。作为心理咨询师，一路走过来，身后总会留下一些遗憾。如果一个心理咨询师或治疗师说自己从来没有遗憾，我就会觉得，他要么真的完美如神（这可能吗？），要么对自己的问题毫无觉察，而这时，他最好不要继续做心理咨询了。

当一个咨询师从他的治疗生涯中停顿一下，给自己留下一个反思的空间时，就会有一些遗憾涌上心头。我从自己的经验里总结出以下几个方面，算是对自己的一个提醒。

遗憾之一：在我看来，一个人选择做一位心理咨询师，他可能首先需要接受一个事实：心理咨询是有限的，不管这个事实让他感到怎样的遗憾。

下面这个案例我在本书中也曾提及：一位母亲带她的儿子前来接受心理咨询，这时她的儿子已经45岁了。探索事情发生的根由，已是30年前，当时当事人15岁。简单来说，他只是在学校遭遇一次小小的挫折，因为一场考试没有考好，他一时出现情绪上的反应——在学校里有老师看到他在雨中独自行走，淋得湿漉漉的。老师立刻把这事告诉他的父母，他的父母惊慌失措，立刻把儿子送进一家精神病院，自此开始吃药。由于长期的药物控制和家人的过度保护，当事人的生命一直处于一种低效能状态，他的反应变得迟钝，社会行为逐渐减少，直至完全从生活场退回家中……他人生中最宝贵的30年就这样过去了。

当这位当事人被他的母亲带进面谈室的时候，我在这位跟我同龄的人身上看到这样的情形：意识模糊，动作缓慢，言语困难，神情漠然，内心已经丧失了改变的动机。

而对他来说，来自生活环境的支持资源又十分稀薄，现在，已经退休的妈妈在照顾他的生活。他需要得到恢复性的、支持性的、弥补性的、发展性的全方位治疗，需要心理治疗师与精神病学家、社会工作者等一起工作，调用他的家庭和社会的各种支持资源，共同推动他从症状中得到恢复，并且渐渐发展出社会适应能力，慢慢回归生活。

然而，一个单独的心理治疗师不具备这样的条件，而当事人自身也缺乏接受治疗的愿望和外在条件。面对这样的情形，我心里满是遗憾："为什么要等到这个时候才来？"

遗憾之二：咨询师需要接受的另一个遗憾是，他本人是有限的。

即使是一位独立的、成熟的心理咨询师，也会有无法避免的遗憾。因此，心理咨询师必须小心谨慎地工作，因为他知道，他在工作上任何一点疏忽，都可能让当事人失去得到帮助的机会，或者造成其他重大的影响。

举例来说：一个人前来寻求心理咨询，因为他在人际关系上存在困扰。长期以来，他与人交往总是采用隐忍的方式，这给自己造成许多情绪压抑，以致他的内在动力都受到损伤，渐渐失去了对人对生活的热情，变得心灰意懒，但又心有不甘。面对这种情况，他采用的应对策略是：反复对自己说"生活就是这样的",但又无法让自己"随波逐流"。他陷入冲突,长期处理不了内心冲突造成的困扰,终于决定前来接受心理咨询。

像许多求助者一样,对心理咨询,他有一个强烈的但不切实际的期待:咨询师只需要给他一个答案,就可以把一切问题一下子解决掉。我在面谈过程中的疏忽在于,没有专门跟当事人讨论他对心理咨询的期待,很快就转入了对他生活情况的了解和对问题根源的探索上来。随着面谈时间的推移,他开始变得焦急,渐渐失去了谈话的兴趣,语气中出现了抗拒的意味。我这才意识到,这背后的原因是,他所期待的答案一直没有出现。他的情绪也给我造成了影响,我中断了对问题的探索,试图去应付一下他的期待,于是开始花时间分析他的问题,试图对之做出结论性的解释,直接指出对方的问题,勉强提供应对的方法……第一次面谈就这样结束了。

我意识到,这也将是我跟他的最后一次面谈。当事人离开面谈室的时候,他的神态简直是"风萧萧兮易水寒,壮士一去兮不复还"。我心里感到遗憾,却已无法挽回。

遗憾之三:长期从事心理咨询,最深的遗憾来自那些"骄傲""固执"甚至存在人格障碍的父母。

在统计方面，没有确切数据显示父母的人格障碍与孩子的心理障碍之间的关系，但我在心理咨询的临床经验中却大量发现这样的情况：父母对孩子的极端控制，以及孩子在控制下的苦苦挣扎。而且，这种控制总是以爱的名义进行，或者与爱混为一团，甚至可能穿上宗教的神圣外衣。我看惯了这样的惨相：不管孩子怎样苦苦挣扎，最终无法跳出父母的掌心。从小到大，他们的内心渗透了被威胁的经验，在恐惧里，他们变得渐渐习惯于被控制，而自己又觉察不到。就如同一头自幼被一根细绳拴着的象，虽然后来长大了，变得强大无比，却依然让自己被一根细绳拴着，不敢越雷池一步。

然而，有些被父母压抑的孩子终于开始了反叛。因为他们在成长过程中受到过多的压制，他们从来没有适当地坚持过。这时，他们的反叛也不是合理的反叛，而爆发为一种情绪化的、症状性的反叛。如果说成长性的坚持是为了成为自己，那么症状性的反叛则更多是一种无意识的行为。它反映的是孩子们不知道怎样成为自己，以至于选择了这种症状性的反叛来继续毁坏自己，甚至不惜毁掉自己。

这时，那些长期强制孩子的父母惊呆了，面对长期顺从的孩子身上爆发的那种几乎是自毁性的反叛行为，他们感到措手不及，完全不知道怎么应对。接下来，他们的反应往往是，从一个极端一下子跑到另一个极端：从过去对孩子的控制与压制，变得对孩子小心翼翼，完全讨好，生怕有一点闪失惹孩子发火。

而与此同时，他们的孩子仿佛一下子发现了反制父母的法宝，更加利用极端的情绪与行为来控制父母，让父母满足他们的一切要求。过去，如此强悍和强制的父母，现在变得毫无主张，完全被孩子的情绪牵制了，甚至有为数不少的父母（尤其是母亲）遭到孩子的殴打，有苦说不出，只能一忍再忍。

就这样，有许多父母在忍受着这种无谓的苦，这是他们为过去的"执迷不悟"付出的代价。其实，现在他们依然在"执迷不悟"里。过去的强制行为是"执迷不悟"，给孩子造成持续的压抑，导致极端的爆发；现在，他们的"执迷不悟"又表现为毫无原则的妥协与退让。这导致的结果是，孩子继续发展这种极端的情绪与行为。这就是心理咨询师常常面对的难题：孩子的问题往往不难处理，父母的问题却让人十分头痛，不止遗憾，简直无奈。

遗憾之四：心理咨询需要收费，这是必要的。

收费的合理性在于，心理咨询是一项专业服务或职业，需要靠一定收费来维持；求助者通过付费，可以学会尊重别人的专业与劳动；同时，因为有所付出，求助者会更加珍惜这样的机会，等等。但是，心理咨询的收费不是绝对的。心理咨询的第一目标是服务，而不是金钱。心理咨询不等同于商业行为，如果是那样的话，贫穷的人就会被排除在这项服务之外。

在这个世界上有各种各样的不公平，其中之一是，有钱人享有太多的资源，而穷人却受到太多的剥夺。这是老子在《道德经》里所说的情况："天之道，损有余而补不足；人之道，则不然，损不足以奉有余。"但心理咨询可以是"有道者"的作为，为"不足者"提供补偿，"孰能有余以奉天下？唯有道者。"

心理咨询包含一种向"缺乏爱"的世界"输送爱"的意向性。心理咨询不能只为富人提供帮助，而让穷人在自己的病苦中无望地挨下去。因此，在直面心理咨询研究所里，我们在收费的同时，也坚持为贫穷的人留下一个空间——按其需求，提供费用减免。

但这样做，并不能完全消除我们的遗憾。我们发现，穷人不仅缺钱，还缺乏信心。因为在生活中受到太多的打击，他们不敢相信减费或免费，也不敢前来叩门，最后还是失去本来可以得到的为数不多的机会。因此，咨询师面对的其实是这个世界上一个最普遍的遗憾：有的，还多多加给；没有的，连他仅有的一点点也失去了。

遗憾之五：患得患失的人给心理咨询师造成遗憾。

在生活中有这样的人，他们内心有太多的担心和猜疑，在出现心理困难的时候，他们想寻求心理咨询，又怕花钱，怕得不偿失，怕失掉面子……对于这些疑虑过深、防御过度的人，即使为他们提供免费的服务，他们也会疑神疑鬼，难以从心理咨询中获得真正的帮助。

举例来说，有一位30岁的青年，从小到大，心理问题一直影响着他，阻碍了他的个人生活、人际关系、职业发展。六年前，他试图寻求心理咨询，但对当时100元的收费顾虑重重。有一次，他终于找到一个特别的理由，跟直面的心理咨询师免费谈了一次，如同得了便宜，此后亦不再来。过了三年，他又提出接受心理咨询的要求，但通了几次电话后，最终还是因为怕花钱而作罢。到如今，六年过去了，当事人再度出现，他的问题变得更加严重了，但也只是在电话里谈来谈去，反复问咨询师，他到底是否需要接受心理咨询，为此纠缠不休。

最终，他接受了六年来唯一的一次正式面谈，因为付了费，在面谈过程中急切地想大捞一把而归，此后又消失了。这位当事人就这样耽误下去，付出的代价则是他那不堪的人生。记得我年轻时，外婆说文解字："舍得，舍得，有舍才有得。"而这位青年的情况是：虽然他并不缺钱，但因为不能舍，也便不能得。心理咨询是一项专业的助人资源，对他来说却形同虚设。面对他的这种情况，作为咨询师的我，也只能遵从"来者不拒，去者不追"的原则，充满遗憾地望着他"如入宝山，空手而归"。

遗憾之六：还有一种人对心理咨询也是疑虑重重，但不是出于对钱的顾虑，而是因为潜意识里有一种讳疾忌医的倾向。

这样的人，因为心理上有过度的防御，也难以从心理咨询处获得帮助。他们内心里感到痛苦，但害怕求助，甚至不愿意承认自己存在心理问题，因而会拒绝接受系统的、深度的专业援助。因为痛苦，他们会去了解心理咨询，如打电话询问，读各类心理咨询与治疗的书籍，但这也只能从中获得暂时的安慰。

举例来说，有一个青年有心理困难，已经在家待了十年，读了大量心理治疗的书籍，试图自我救治而不得，却熟悉各类心理治疗的理论和方法，尤其对森田疗法烂熟于心。他时常打电话向全国各地的心理咨询师问难："如果用森田疗法将如何治疗我的问题？"十年来，他问倒了一大批咨询师，他的内心渐渐滋生一种虚妄：既然没有人能够解决他的问题，说明他的问题很了不起，而他的问题很了不起，就表明他这个人也很了不起。在这种潜意识的自欺里，他拒绝求助，不愿让问题得到解决。因为，如果他的问题解决了，就显得他这个人不行。因此，他用自己的问题来保护一个虚妄的自我，甚至渐渐发展出一种自我迷恋，如同鲁迅所说，"红肿之处，艳若桃花；溃烂之时，美如奶酪"。这样的人，因为长期拒绝医治，咨询师对他们无奈，只能叹为憾事。

遗憾之七：心理咨询需要一个过程，急功近利的心态不利于从心理咨询中得到帮助。

在我的个人经验里，存在这样的情况：求助者感到难受，前来寻求心理咨询，但情绪稍有好转，便中断了咨询。对这样的求助者来说，心理咨询不过是一种暂时应付的方式，但也只能应付一时。因为未能进入到更深的层面，问题的根子不能得到处理，日后又会产生新的问题。再如，有些父母带孩子前来接受心理咨询，因为孩子出现了心理问题，影响了正常学习，如出现厌学、退学等。家长带孩子接受心理咨询的目的，是让孩子尽快重返学校读书，成绩提升起来。经过几次咨询之后，孩子的情况发生好转，并且重新回到学校去读书，这时心理咨询也就中断了，因为家长觉得接受心理咨询会耽误孩子的学习。在他们心目中，能够读书了，就等于好了；成绩好是最重要的，耽误一堂课去做咨询，那太不值当了。

我想到《论语》中的一段话："子夏为莒父宰，问政。子曰：'无欲速，无见小利。欲速则不达，见小利则大事不成。'"许多父母把孩子驱上激烈的竞争战场，要用学习占满孩子所有的空间和时间，不给他们任何喘息之机，这就是"欲速则不达，见小利而大事不成"的典型例子。这里，"小利"是成绩好，"大事"是身心健康成长。只见"小利"，会"大事不成"，过于追逐小利，会"欲速则不达"。对此许多父母体会不到，也不会感到遗憾，只能让咨询师去遗憾不已了。

遗憾之八：还有些情况，让有良知的咨询师不仅感到遗憾，简直感到愤懑、无语。

有的机构与从业者，有心理咨询之名，不行心理咨询之实，只把求助者当成赢利的工具。也有机构和个人，采用过于简单的诊断开药模式，跟当事人谈几句话，就轻率诊断，一味开药，甚至还有"心理医生"或"精神科医生"根本没有跟当事人本人谈话，仅凭当事人家属的片断陈述即做出"诊断"，然后开药，要求住院。让当事人一住院就是几个月或更久，一吃药就是三五年，造成当事人药物依赖，终生服药，导致其生活在低效能的状态里，不能正常工作，不能与人交往，最后被退回家中，与社会隔离，被家人保护，成为终生的病人。

许多父母因为孩子出现一时的情绪问题，对情况不了解，对孩子又过于担心，慌忙之下就把孩子送进精神病院。遇到好的医院和负责任的医生，会对孩子做出适当的诊断，建议接受心理咨询。遇到不负责任、唯利是图的医院和医生，孩子会遭到怎样的损害就不得而知了。最严重的后果是，孩子的命运就此发生变化，一生成为不良医治的"牺牲品"。而且，因为对方是"正规"的医院机构，治疗者又有令人生畏的"权威"头衔，孩子也就只能白白地成为牺牲品，权益得不到维护，甚至为自己辩护的权利和机会都没有。生命只有一次，这样的事不只令人感到遗憾，简直让人想"喊冤"，却又无门。

遗憾之九：心理咨询不能孤军奋战，需要社会系统的多方支持，需要与其他专业机构和政府部门协同合作，才能发挥更好的功效。但在这个方面，咨询师也颇有遗憾之处。

例如，有的求助者涉及法律的援助，如妇女受到虐害，需要联络妇女保护部门配合工作；孩子受到虐待，造成严重的身心伤害，需要相关部门处理，等等。从事心理咨询与治疗服务，应有严格而明确的专业规范，涉及权益纠纷，可以向什么机构投诉，出现什么情况，可以联络什么机构协同处理。但在目前，我们虽有行业的规定，但实施的渠道还不太畅通，不能发挥系统的作用。很多管理部门因为不知道心理咨询是什么，在管理上也存在这样那样的问题。作为心理咨询机构，跟管理部门打交道也不容易。因为渠道不畅，人为因素太多，结果就成了这样：大家似乎各不相干，各自为政，各干各的，只求不出麻烦就好。

遗憾之十：心理咨询师的专业资质和能力是永远要强调的。咨询师专业能力不足，如专业训练不够，经验不足，缺乏督导等，会造成很多遗憾甚至损害。

例如，因为专业训练不足，咨询师缺乏深度的自我分析，自我觉察不够，可能会把自己的问题投射到当事人身上，以自身隐而未愈的伤，去"治疗"求助者的伤，以自己的病去"治疗"对方的病，不能对对方有所助益，反而给他造成伤害。这便是所谓的"盲人骑瞎马，夜半临深池"。

在心理咨询行业里有一句行话：不好的心理咨询，不如没有心理咨询。对此，每一位咨询师都需要自省、自律。在目前的心理咨询行业缺乏职业规范，过度追求商业化，会削弱心理咨询的专业质量和社会形象。

我们相信，对于一个真正的咨询师来说，他的专业品质至关重要，而他的专业品质不在于他出版了多少本书，获得了多少个学位，拥有多少学术头衔、得过多少次奖，而在于他为每一位求助者提供专业服务的品质。因为，是每一位求助者给医治者带来了真正的声誉，因此，在一个充满广告的时代，我们依然相信口碑相传；因此，直面一直在深巷。

医治的心

那流泪出去撒种的，最终抱着禾捆欢喜归来。

我是精神病人吗

可怕的是，当事人从 20 岁被送进精神病院，被诊断患"精神分裂症"，并且自此在父亲的监管下长期服药，30 年靠药物控制，"症状"没有真正得到有效的控制，当事人的生命效能却受到抑制，活得很压抑、很低落，心有不甘而又无可奈何，以至于到了 50 岁，他还在问：我实质上是不是精神病人……

一封来信

以下是一位求助者的来信（出于保密原则，隐去相关具体信息），信中反映当事人在 30 年前被诊断患精神分裂症，此后一直接受药物治疗：

　　1977 年恢复高考后，我参加高考，但未考上，因而感
到有很多人看不起我。又因为报名时"家庭成分"一栏本
来应该填"中农"，但我父亲叫我填"干部"，因而有一
种欺骗组织的感觉，心中是既忧伤，又惧怕，晚上睡不着
觉，头脑里想很多很多问题，最后想到"一切分为两大类：
唯物主义与唯心主义"。这时突然觉得脑中亮光一闪，想
"唯物主义可以与唯心主义相结合，可称'物心主义'"。
从此，我头脑中觉得一切问题都可以解释了，越想越觉得
自己发现了真理，越想越兴奋。可是我周围的人，还有我
父亲，认为我得了"精神病"，我父亲把我送进了精神病院，
在那里住院半个月。我母亲说服我父亲签字"自动出院"，
把我从精神病院领了出来。从此在父亲的严格掌管下，我
天天中午、晚上服药。服药有半年多，又去单位上班。但
因服药的缘故，早上起不来，不能按时上班，故自己停了
药。停药后不久即发病，又被送进精神病院。从那时起，
我反复进精神病院，进院的原因一般都是停药，现在我还
在服用较大剂量的"维持量药物"。我现在 50 岁，已病退。
病退工资每月 400 元。现在我们一家三口生活很艰难。

　　我想向您请教的是，我当初夜里睡不着觉，思考许多
问题，后来突然头脑中一亮："唯心主义与唯物主义可以
结合"，这是不是"精神分裂症"的开始？我实质上是不

是精神病人？为什么后来一停药就不正常呢？我的"病"能治好吗？以后可以停药吗？

以上问题望给我解释一下。

接到这封信之后，我内心颇有一些感慨，对心理治疗（也涉及精神病治疗）的诊断—用药模式有一些想法，这里写出来算是一种探讨。以下所写，基于信中的有限信息，以及我从事心理咨询中的一些经验和理解，不是"权威"之说，更不是"真理"之论，而是一些感慨，出于一颗医治者的心。

情况综述

首先，就信中所反映的内容，对当事人的基本情况做一点综述：

1.当事人参加高考，因为没有考上，他的感受是："很多人看不起我"。这种感受给他带来很大的心理压力。涉及填表，第二重压力又来了：他的家庭成分本是"中农"，父亲却让他在家庭成分一栏填上"干部"。这让当事人有一种"欺骗组织的感觉"，因而他心里"既忧伤，又惧怕"，为此"晚上睡不着觉"。我们因此知道，当事人陷入情绪困扰：恐惧、担忧、茫然无措……他像一个落水的人，在各种情绪里拼命挣扎，想找到一种方式从中走出来，这时他抓住了一根救命稻草——"物心主义"。

2. 我们怎么看"物心主义"？对于周围的人来说，它当然很不现实，很不正常，但对于陷入焦虑的当事人来说，却是让他脑中一亮的"真理"。然而，这个"物心主义"也是一种应激反应，并不是固定不变的妄念，它跟当事人一时无法摆脱的困境联系在一起。我们可以设想，在当时的情景之下，如果当事人得到来自环境的情感支持，如安慰、接纳，使他的情绪得到疏导，进而帮助他找到现实的应对策略，他会度过这个受到事件冲击而产生的情绪状态。可惜的是，他被父亲送进精神病院，在那里被诊断为"精神分裂症"，这诊断就等于把当事人的问题固定下来了。自此，当事人开始了药物治疗和反复住院的治疗史，而这也成了他的生活史。

3. 当事人的父亲做了三件事：（1）在孩子填表的时候，建议他在成分一栏里填"干部"，这给当事人造成心理上的压力与冲突；（2）在孩子产生"物心主义"的想法时，立刻把他送进了精神病院；（3）在服药问题上，对当事人"严格掌管"。父亲的所作所为，当然有良善的愿望，我们可以这样理解：他要求孩子填"干部"，是希望孩子政审过关，有一个好的前途；他把孩子送进精神病院，是为了孩子尽快得到医治；他监督孩子吃药，是为了让孩子不至于"犯病"。但我们也可以这样理解：父亲这些行为正是导致孩子"生病"并且终生不得真正医治的根源。可以猜想，这是一个太过强大、强制、刚愎自用的父亲，在儿子的成长过程中，他可能给儿子造成了长期的心理压抑，导致儿子的自我太弱，表现在这样一些方面：面对现实困难的时候，会过于敏感，反应过度，太在乎周围的人的看法，太容易受到环境的牵制，在做出决定的时候，太容易受到他人的控制（如父亲的操纵）。

4.信中反映的另一种情况也值得思考，就是当事人的"病因"涉及时代背景的因素。人生成长是通过跟环境因素发生互动而进行的。小到家庭环境，大到时代背景，都会对一个人的成长和生活发生影响。

心理异常的诊断与治疗

来信者问："当初夜里睡不着觉，思考许多问题，后来突然头脑中一亮：'唯心主义与唯物主义可以相结合'，这是不是'精神分裂症'的开始？"

对心理异常的诊断有一套固定的标准，但诊断并不是一件简单的事，需要一系列的面谈检查、病史采集，需要对当事人的行为、言谈、思维、情绪、认知功能等做出判断、评估、确认，包括会使用一定的检测方式，如量表、仪器等。虽然如此，不同的心理治疗师和精神科医生对同一症状也可能做出不同的诊断，因为对诊断标准的理解有所不同，诊断的角度有所不同，症状显现的过程与情况也会有所不同，等等。特别是，在我个人看来，面对的是活生生的、具有独特性的个体，诊断标准并不是那么可靠。更重要的是，在心理治疗和精神疾病治疗方面，问题不是诊断准确不准确，而是单一的"诊断＋用药"治疗模式本身就是有问题的。

在社会上，人们对"精神病"和"心理症"（也译为"神经症"）的误解更深，反应更不恰当，主要表现为：（1）把二者混淆起来（此不细说）；（2）把某种暂时情绪困扰或偏差行为，视为"心理变态"或"脑子有病"，亦即"精神病"；（3）家人恐慌不已，会通过强制或哄骗的方式，把当事人送到精神病院，这可能给他造成更深、更持久的痛苦和伤害，而这种痛苦和伤害至少发生在三种情况之下：（1）当事人并不是精神病人，对他实施精神病治疗会导致损害；（2）当事人只是受到某种事件的刺激，出现暂时的应激性异常反应，如果接受精神病治疗（诊断＋用药）反而可能把他的问题固定下来，以致把他"变成"了精神病人；（3）即使当事人被确诊为精神病人，单一的"诊断＋用药＋住院"的治疗模式也并不是好的治疗方法，这常常导致把当事人变成终生病人。据我个人的理解，本案例当事人应该属于第二种情况。

如果从精神病的诊断来看，就看不到任何问题。前面说过，精神病治疗有一套诊断标准，而且是由掌握这套诊断标准的权威医生操作，其他人是没有发言权的。但是，这套权威系统就是真理吗？生命何其珍贵，生命现象何其复杂，就用这一套固定的、标准化的"真理"进行对号入座般的处理吗？"物心主义"与当事人遭遇高考失败的刺激有关，当时，当事人陷入心理危机，出现惊恐、焦虑、茫然无助的情绪反应，他试图寻求一种方式把自己从这种困境里拔出来，但他找到的不是一条现实的路，而是一种不现实的解决之道，它的确具有一定的妄想性质。因此，精神病医生把"物心主义"诊断为"精神分裂"，从病理学的诊断标准来看，这没有问题。但问题恰恰在"没有问题"上面：单一的病理诊断和药物治疗的模式可能是有限的或无效的，甚至是有害的治疗。

在当事人当时的理解里，"物心主义"是"唯物主义"与"唯心主义"的结合。如果我们进入一个更开阔的视野，这也可能是一种思考的结果，那它与"精神分裂"就没有任何关系。记得以前读文学的时候，我们都需要思考和回答这样一个问题：浪漫主义文学和现实主义文学可不可以结合？问这个问题的人不是精神科医生，也不是心理治疗师，而是文学教授。不管回答"可以结合"或"不可以结合"，都不会被诊断为患了精神分裂症或关进精神病院。相反，如果讲出一套"可以结合"或"不可以结合"的道理，还会被看作是有理论思考能力的人。

当事人的"物心主义"与高考落榜造成的刺激有关，与当时社会环境的影响也有关系，如果做更进一步的考察，还可能与当事人成长的家庭环境有关，如父母的教养方式、家庭关系模式、当事人的早年生活经验及其个性特质等。仅从当事人来信中反映的情况来看，"物心主义"产生的直接根源是：面对高考失败和父亲要求他在成分栏目里填写"干部"，当事人反应过度，对发生的事情顾虑重重，对周围的环境过度敏感，对他人的看法过于在乎，对自己过于压抑……

即使"物心主义"是一个"妄念"，具有精神分裂的性质，也不一定就那么可怕。可怕的是，当事人从 20 岁就被送进精神病院，被诊断为"精神分裂症"，并且自此在父亲的监管下长期服药，30 年靠药物控制，"症状"没有得到真正有效的控制，当事人的生命效能却受到抑制，活得很压抑，很低落，心有不甘而又无可奈何。以至于到了 50 岁，他还在问："我实质上是不是精神病人？我可以停药吗？我的病可以治愈吗？"面对这些问题，每个医治者的心都会发抖。

病理的标签

经过了 30 年的药物治疗，当事人还在问："我实质上是不是精神病人？"

从这个问题，我看到当事人内心里的挣扎。这个问题至少让我看到三个方面：（1）当事人被诊断患精神分裂症，自此他的自我概念上被贴上一个标签——精神病人；（2）当事人长期接受精神疾病治疗，不得不接受自己是一个精神病人；（3）对这个病理标签，当事人一直感到困扰又心有不甘——我实质上是不是精神病人？

目前很多医院的精神病治疗，几乎是完全建立在生物基础上的治疗模式，它的倾向之一是，用一套病理标准进行对号入座式的诊断，在"人"身上找"病"，结果成了"只见病，不见人"。在这种治疗模式下，人不过是"疾病的载体"。它的倾向之二是，单一用药或相关的生物刺激方法。同样，这也只是把人当作一个生物来看待和处理，看不到社会的人、心理的人、灵魂的人等生命层面。但我们相信，人不只是一个生物的存在，他的生命还被赋予许多宝贵的品质，如爱、责任、良知、良善。而真正的治疗，是全人的关怀，是成长的导向，是使用尽可能多样化的方式，去发现和使用人的内在资源，促进人的自我觉察，帮助他发展选择的能力，推动他采取改变的行动，让他充分成为自己、实现自己，过更全面的生活。

每一个人的成长，都是通过跟社会文化因素发生互动而进行的，他会遭遇生活中各样负面因素的伤害、阻碍、剥夺，从而给他造成心理和精神上的障碍。如果治疗只是给当事人贴这样那样的病理标签，那可能造成一种更大的遮蔽，使当事人更加看不到真正的自我，看不到全面的生活，反而自动使用病理标签来看待自己，这并不有利于他去努力争取成为自己，反而使他陷入"病"的自我感受，形成"我有病"的自我概念。

"病"所反映的只是人的生命被损害和有待修复的那一部分，而不是全部；"病"只是人的成长过程中出现的暂时状态，而不是常态，更不是不可改变的固态；"病"是一种影响力，通过人的生命和生活的各个方面反映出来，并不只是一个生物现象。因此，治疗应该是多层面的，而不只是用药物去刺激或抑制当事人的生物性。一个人生病了，他依然是一个"人"，但诊断的病理标签很容易把"病"和"人"画上等号，联结在一起，导致一个人用"病"来看"人"（他自己）。

在30多年前的那个特殊时期，当事人遭遇事件的冲击，产生了一时的心理危机，他没能从生活环境中得到好的援助，反而从此被迫接受药物的控制和家人的保护（把他当成"病人"加以保护），而这限制了当事人在生活中进行尝试和发展的空间，也抑制了当事人的生命能量，贬损了当事人的自我形象，使他长期生活在"病"中，成了终生的病人。但从当事人的来信中可以看出，他一直心有不甘，一直不愿放弃，一直保留着成长的渴望和成为自己的目标，他在努力寻找机会，尝试改变。而且，虽然"病"阻碍了他，药物限制了他，他身上还保留着一些好的资源，包括他具有很好的语言表达能力，字写得很好，有勇气对加在他身上的病理标签持怀疑态度，这也表明他在追求对自己更新的理解，渴望摆脱病的阻碍和药物的局限，争取找到真正的自己，活出更好的自己。这是一场为了成为自己的伟大战斗，虽然他在战斗中失去了生命和生活的大片阵地，但他的战斗是悲壮而有意义的。

药物治疗

当事人接受的是药物治疗，但一直没有痊愈，他有一个很深的困惑：为什么后来一停药就不正常呢？

在心理治疗中，人们对药物治疗的看法不同，归纳起来大概有三大类：（1）认为只有药物治疗才有效；（2）认为药物治疗需要与心理学方法配合，才会产生相得益彰的效果；（3）认为药物治疗是无效的，心理治疗完全不需要用药。但在精神疾病治疗中，药物治疗几乎是唯一的方式。但是单一的用药方式，在精神病治疗方面的效果也很有限。在最好的情况下，可能使病情得到暂时的抑制，但因为没能处理致病的根源，没有促成生命的成长，病情会不断复发，甚至可能持续一生。因此，有精神科的医生对此置疑：如果一直都在吃药，怎么算得上是治愈呢？

同样，在心理治疗中，单一用药的效果也是十分有限的，或者说是无效的，甚至是有害的。配合心理学方法而适当使用药物，会产生一些辅助性的效果。例如，针对中度以上的抑郁症患者，暂时性地辅以药物，可以起到调节情绪的作用，从而为应用心理学方法提供一个工作时机或操作空间。药物可能在以下几种情况下发生作用：（1）药物的配合性作用。假设一个人陷入很深的抑郁，以至于他对环境的反应程度很低，这就会影响他在面谈过程中跟心理治疗师之间的互动。这时，药物可以帮助他提升一下情绪，从而为心理治疗腾出一些空间，可以系统而深入地去处理抑郁背后的根源性因素。（2）药物的心理暗示作用。症状中有一个本质，就是当事人的感觉。他感觉异常，就像是真的异常了。心理治疗会帮助他调整这种异常的感觉。但药物有时候会起到暗示作用。医生说："吃药了，就会好。"有些人相信这一点，他就会放弃自己的异常感，好像真的好了一样。因为有了这样的态度转变，当事人的生活环境再伴随着出现一些支持性因素，这可能会帮助当事人度过他的危机时期。（3）药物的安慰作用。虽然是药物，它负载了一种非物质的因素，就是家人愿意带孩子去看病，药物里就附加了一种关注和关心的意味，这对当事人产生了作用。

相关研究的数据显示，抗抑郁药物作用只微乎其微高于安慰剂的作用，但低于阳光的作用；而药物的副作用对身体、心理成长造成了损害。[①] 瑞典戈特堡大学的凯尔斯登（Anders Carlsten）和韦恩（Margda Waern）在生物医学核心期刊《老人医学》中发表了一份研究报告，通过对戈特堡和两个邻近城市年长者自杀问题的研究发现，服用抗忧郁剂、抗精神病药剂、镇静剂或安眠药使老年人更可能自杀，其自杀可能性比一般年长者高出四倍。同时，药物治疗可能为当事人提供逃避生活困难的理由。就直面心理学来看，心理症状本身就隐含逃避的性质，而药物可能成为一种强化这种逃避倾向的借口，导致自主性变弱，依赖性变强。

在精神病治疗里，虽然使用药物是普遍的方式，但不应该是唯一的方式。心理治疗和精神病治疗存在交叉地带，

---

① 塞尔旺·施莱伯著，《痊愈的本能》，黄钱书译，北京：中国轻工业出版社，2006。

有些来访者会在两个领域之间跑来跑去，使我有机会接触到一些被诊断为"精神分裂"的人，并且对精神疾病初发期和恢复期的人进行过心理治疗。有许多人反映，在过去的治疗史中，曾经接受各样的药物治疗，因为是单一用药，不但没有产生什么效果，反而损伤了当事人的自尊感，限制了他们成长和发展的生活空间。例如，药物的作用会不可避免地影响他们的生理反应，导致嗜睡、反应迟缓、发抖等。同时，在用药期间，他们又会受到家人的过度保护，渐渐跟社会脱离开来，使他们的社交生活和职业发展受到限制。久而久之，他们唯一的选择就是待在家中。

我至今记得在几年前，一位母亲带着她的儿子来访。回想起来，她的儿子在 15 岁的时候，一场考试没有考好，感到沮丧，就在雨中行走。这个"异常"行为被学校的老师看到了，赶忙去告诉孩子的母亲。孩子的父母十分担忧，就把儿子送进了精神病院，自此开始吃药和受到家人保护。这位母亲带她的儿子来访，已经是 30 年后，这时，他的儿子已经 45 岁，跟我同龄。在面谈室里，他就坐在我的对面，我看着他——如同幼童一般白皙的皮肤，幼稚的思考，神经质的敏感，动作迟缓，眼神呆滞，他只是被母亲带来，然后又带回去，内心丧失了求治的动机，他习惯于这样活下去。我感到悲哀而又无奈。

药物治疗的意图是通过对机体进行控制和调节，进而起到调节心理和情绪的作用，它的治疗目标是把"病"控制起来或抑制下去。但是，如果只是单一用药，很难起到它预想的效果，反而可能"治"其一点，"损"及其余。原因有以下几个方面：

　　1.心理和精神症状不只是一个生理现象或生物结果，症状不仅反映为生理机能失调或体内物质病变，更涉及心理、行为、社会等多重因素，一个人在成长经验中遭遇的创伤或危机，他的个性因素、观念体系、思维习惯、行为方式、潜意识冲突，以及他的需求受到剥夺，他的价值不得实现，他找不到存在的意义，等等，这些都是药力所不及的方面。

　　2.药物的治疗策略与导向是"控制"，亦即把"症状"控制起来或抑制下去。但是，症状是生命系统中一个可以单独剔分出来和加以处理的东西吗？心理症状不同于身体上的一个肿瘤，可以通过手术加以切除。心理症状是一种阻碍，渗透在当事人的思考、情绪、行为之中，真正的治疗促成所有这些方面的成长，而单一药物治疗的局限在于，它可能导致人依赖药物，而放弃了成长的努力；它在试图控制人的"症状"的同时，可能抑制了人的生命能量。

　　3.人是一个有多重需求的存在体，包括生理的、心理的、社会文化的需求。生命健康成长的基本条件是，这些需求得到合理的满足。如果生命需求受到抑制甚至剥夺，会造成压抑和伤害，累积到一定程度，就会损害人的情绪、认知、意志、行为等机能，以至于出现心理的、人格的、精神的问题。单一用药的治疗模式不鼓励人追求生命需要的合理满足，而是要求人抑制正当的生命需求，从而达到抑制"犯病"的目的。精神科医生会这样"辅导"病人："记住，你在生活中要学会忍，不要让自己有什么要求，但求安然无事就好，别人求的，你不要求，别人有的，你不要想有，不要有什么不满，不要发脾气，因为你是病人……"有的医生不但一味开药，还用"医嘱"暗示和威胁病人，说："你要坚持吃药，不吃药就会犯病。"他们要求病人先吃三个月药，然后加到三年，最后让病人终生吃药。还有医生会周期打电话到病人家里，反复叮嘱病人的家属："不能停药呀，一停药就会出问题。""春天来了，要加大药量呀"，等等。总而言之，他们用"药物"和"医嘱"不断向当事人灌输和强化一个观念："你是病人！"这种局限自立与贬损自尊的方式，往往给当事人造成生理与心理的双重依赖。

英国临床心理学专家肯纳利（Helen Kennerley）在《战胜焦虑》一书中谈到用药问题时表示：镇静药物无助于人

们处理心理危机，长期使用还可能带来危害。"有几个明确的理由证实，使用心理学的方法要比药物或以药物为基础的方法更好：第一，临床实践表明，药物并不比心理学的方法更有效，且会产生依赖性；第二，药物给使用者提供了逃避现实的手段，并易在心理上对药物产生依赖；第三，药物仅仅是简单地掩盖了担忧、恐惧和焦虑的症状，而无法祛除问题的根源，导致易引起应激反应的源头仍然存在；第四，药物还会带来一定的副作用，这可能加重一些对身体过分敏感者的焦虑情绪。"①

单一用药的背后

　　单一用药反映的是这样一种生命观：人不过是一个生物机体，只能用药物解决一切问题。在这样的治疗理念里我们看不到对生命的真正理解、体谅和关怀，看不到人的主动性，看不到精神的力量，看不到人对理想的追求和对意义的追寻。有一位精神病治疗学家，也是心理治疗学家叫弗兰克尔，他把追求意义看作生命的最深动机，因而断言：没有意义，人就无法活着。存在主义哲学家克尔凯郭尔把人定义为一个灵魂的存在，强调人与自我、与他人、与上帝的生命关联。古希腊哲学家把人定义为政治的动物。

---

① 海伦·肯纳利（Helen Kennerley）著，《战胜焦虑》，施承孙、宫宇轩译，北京：中国轻工业出版社，2000年。

笛卡尔的哲学命题是："我思故我在。"这都说明，人的存在不只有一个生物的基础，人之所以被称为"人"，是因为他有高于生物层面的社会、心灵的意义。既然生物构成不是人的全部，心理困难也不能单一用药物来处理。我不禁要问：什么样的药物可以让我们意识到和活出生命的意义呢？我相信，生命的本质需求与成长方向不是成为"病人"，也不只是不成为"病人"，而是要成为健康的人、发展的人，充分实现自身价值的人。

特别是在医院背景下，心理治疗，特别是精神病治疗，往往是一种简单问诊和开药住院的方式，许多医生采用这种模式，也有许多"病人"寻求这种模式。探索起来，大概还有一些比较实际的原因：（1）人们更倾向于以生理治疗的模式来理解心理治疗，因此习惯于进医院开药，以为这样比较实惠。（2）药物治疗迎合了人们病急求治的心理，以为药物可以尽快消除病苦。（3）药物治疗满足了人们求捷径的心态，相对而言，药物治疗不用当事人做出什么努力，而心理学方法的治疗需要当事人配合，包括探索问题根源，学习承担责任，调动自身力量，调整情绪，在思想与行为上做出改变，做到这些就需要当事人去经历一个自身努力的过程。（4）单一用药对医生来说是一个简便省事的捷径。从事真正意义上的心理治疗，要求治疗师追求生命素质和专业能力的成长。在具体治疗中，还需要花许多工夫去探索当事人的生命与生活，寻求与尝试多样化的治疗方法，处理治疗过程中随时涌出的困难，包括当事人的阻抗，以及面对与处理自身枯竭等。相对而言，使用简单问诊与用药的治疗模式，医生只需要具备基本的病理知识和药物知识即可。（5）具有真正的生命素质与专业水准的心理治疗师目前尚不多见，以至于一些求助者没有能够从心理学治疗里得到有效的帮助，转而到医院寻求单一的药物治疗。（6）单一用药的医生不相信真正意义上的心理治疗，他们会（或出于无知，或出于有意，或出于片面的观念）宣传这样一个误解：心理学方法的治疗是无效的，会延误治疗时机，等等。（7）经济利益的驱动。单一的"诊断 + 药物 + 住院"模式是一个简便的赢利途径，这成为一些医生和医院在精神病治疗和心理治疗中采用单一和不合理用药的内在动因。总之，单一用药反映的是人对人没有真正的同理心、爱心与耐心，人在处理生命的问题时是如此缺乏理解力、想象力和创造力。

顺便提及，一种最具损害性的治疗模式，被称为精神外科手术，声称可以通过手术方式完全解除强迫症、精神分裂症、毒瘾、老年痴呆等疾病。其中宣扬这样一种治疗原理：症状的根源是脑内的某种物质病变，通过手术切除某种病源性物质，可以达到一劳永逸的治愈目的。但是，生命中如此复杂的心理、精神现象就如此简单地跟某种物质直接相关吗？用什么来保证在切除机体物质的同时不损害生命的其他机能呢？人总想用最简单的方式去处理人的问题，结果把人的问题变得更加复杂和无法处理，导致人对人更加不抱希望，为了让自己安全，更加用控制的方式对待"有问题的人"。更何况，这种行为背后的动机往往是经济利益的驱动。它显示，人对生命的了解何其单一，人对生命的态度何其不尊重，人对同类何其缺乏信心和耐心，人性会变得何其残忍和贪婪。在我的个人生活和专业活动中，亲身接触过被这种治疗毁掉的人。不明真相的家属向医院交付大笔手术费，却不知道这样做只是为了把亲人送去让人糟蹋一番，变得更惨，而且合同上的条款是：病人家属签字，院方不承担后果。呜呼！

戒断药物问题

这位来信者还问："我以后可以停药吗？"

显然，这个提问出自当事人几十年来的挣扎，我所能够猜想到的是：（1）他之所以有这样的疑惑，是因为长期服药已经导致了他的心理依赖，这个心理依赖的中心观念是"只要一停药，就会发病"，而这个观念在他的生活中反复得到验证。（2）药物治疗给当事人造成一种长期的内心冲突：

他一边想停药，一边怕停药。因为，如果不停药，自己就是病人；然而一停药，他就立刻陷入病中。（3）因为长期服药，他形成了生理依赖，如果解除药物，就会出现戒断反应，一出现戒断反应，他就会感到害怕，立刻重新用药，而且加重药量。因此，戒断药物不是一件简单、容易的事情。

肯纳利博士列举了焦虑症患者中断镇静剂之后可能出现的反应：焦虑，注意力不集中，记忆力下降；易激动，烦躁不安；胃部不适；过分敏感；体会到不真实感；全身紧张和疼痛；食欲变化；睡眠障碍等。可以想见，过去当事人自己尝试过断药，因为出现了相关的戒断反应，以至于出现"一停药就不正常"的情况。

这里提醒三点：（1）要想戒断药物，需要听取既专业又负责的医生的建议，在他的指导下实施停药。有些医生是合理配药的，他们了解药物依赖的情况，因而会采用某些方式帮助当事人摆脱药物依赖。例如，医生开类似维生素 C 的药，让当事人服用一段时间，然后告诉他真相，说在这么长一段时间里，当事人服用的不过是维生素 C 片。当事人知道真相时，已经无意之间度过了他的依赖期，身体上与心理上已经做到有效适应。（2）如果打算戒药，出现戒断反应时，当事人需要知道，他的身体和心理会在一段时间里做出自动调节，直到这些反应慢慢消失。（3）

在戒断药物的同时，非常重要的是，当事人需要接受系统的心理治疗，让自己的心理问题得到适当的疏导与处理，在情绪、思考、行为、社会生活等方面做出有效的适应性调整，从而避免造成"一停药就不正常"的情况。当一个人在心理上、个性上获得了成长，在生活中又建立了支持系统，药物的脚手架就可以拆除了。

整合治疗模式

最后，当事人非常关心的问题是：我的"病"能治好吗？

在生活中，有许多人像当事人一样，因为受到症状的阻碍，药物的控制、家人的保护，他们生活的空间被压缩了，成长的可能性变小了，社会适应能力变弱，生命的潜能受到了抑制，与生活越来越脱离，在现实中找不到自己，因而不能成为真正的自己，反而成了"病人"……但这一切并不是注定的，而是可以突破的。很重要的一点是，他们内心里还有成长的渴望和改变的动机。他们需要有好的治疗，帮助他们成长，找回自己，活出自己，在真实的生活中扎根，让生命变得枝繁叶茂。

真正的治疗不应是一套刻板、冷漠的病理诊断程序，也不是药物万能的治疗模式；真正的治疗是生命的治疗，其中融合了对人的信心、爱心与耐心，反映出生命的理解力、想象力与创造力。富勒神学院心理学院有一位教授叫杜艾文（Alvin C. Dueck），在他写的一本书①里讲到一个故事，那是美国精神病治疗学家艾瑞克森（Milton H. Erikson）的一个治疗案例：

有一天在医院里，艾瑞克森遇到一个人过来向他打招呼，自我介绍说："我是耶稣基督。"艾瑞克森知道这是医院里的一个病人，他并没有表示惊讶，而是很随意地跟那个人聊起天来，其中还聊到了木工活——耶稣在世上从事的行当。艾瑞克森问这位"耶稣"会不会干木工活。他还真的会一些。艾瑞克森就请他给自己做一张桌子，对方很高兴地答应了。几天之后，当事人就把这件工作完成了，做得还真不错。艾瑞克森对他赞赏一番。接着，艾瑞克森又请他做一些更复杂的家具，并且在技术上提高了要求。这位病人花了很大一番工夫，最终把家具做出来了，还做得相当精美……后来这个病人出院了。一段时间之后，艾瑞克森对他做了回访，发现他在当地成了一个小有名声的木匠，而且从那以后再也不说自己是"耶稣基督"了。

在这个案例里，我们看到，这个病人的问题在于，他在现实中找不到自己的位置和角色，为此感到困扰，一度通过幻想自己是耶稣基督来自我安慰。艾瑞克森的治疗中

---

① Alvin C. Dueck, *Between Jerusalem and Athens*, Baker Books, 1995, p82.

贯穿了一个本质的东西，就是帮助他发展一种现实能力，由此引导他找到自己的位置，确认自己的角色，最终他放弃了"我是耶稣基督"的虚幻角色。通过这个案例，我回头来分析这位来信者，他一度陷入情绪的恐惧与混乱中，试图通过幻想来安慰自己，"物心主义"成了他的一个虚幻的解决之道。虽然如此，如果他当时能够从环境中得到支持，或者能够接受到好的治疗，他就会放弃幻想，找到一种现实可行的途径，走出暂时的困境。

如果单从表面"症状"来看，心理问题或精神问题都算是一件极为不幸的事。但人们往往没有看到，在"症状"下面潜伏着强大的心理能量或生命力量，如果当事人意识到症状的遮蔽，克服症状的阻碍，在真实的生活中坚持成长，这些力量就会长出蓬勃的生命景象。我接待过许多来访者，他们在治疗过程中获得了觉察的能力，意识到了自身的力量，并且敢于调用这些力量。他们经历了成长，超越了"症状"，并且在生活中不断突破，最终成为越来越优秀的人。在人类历史上有这样的伟大人物，他们在年轻时经历过严重的心理困扰，但后来能够突破阻碍，发挥出生命的巨大能量。

在西方，伟大的心理学家荣格、罗杰斯，伟大的存在主义哲学家克尔凯郭尔；在中国，伟大的哲学家庄子，都是这样的人。举例来说，荣格在少年时期常常独自一人坐在山坡上的一块石头上，陷入一种冥想状态，以至于分不清自己是石头还是荣格——到底我是荣格，坐在一块石头上？或者我是石头，上面坐着一个叫荣格的少年？这种"异常"的精神状态在庄子身上也曾发生，这就是著名的庄周梦蝶的故事。故事说庄子做了一个梦，梦见了蝴蝶，但醒来之后他就陷入了一种恍惚状态，不知他是庄周梦见了蝴蝶，还是他是蝴蝶进入了庄周的梦。但不管荣格还是庄子，都没有因为这种精神"异常"而变成"病人"，反而在这种异常里发展了精神力量，成为对人类心理与精神成长产生重要影响的伟大的人。

心理治疗的本质是促进生命成长与自我实现。有效的心理治疗是支持生命长大，大于心理疾病的限制；是增进生命力量，超越心理疾病的控制。当生命长大了，心理疾病就变小了，它的局限就被克服了；当超越的能力增强了，心理疾病就失去了对生命成长的控制力。心理治疗是全人关怀，关注生物、社会、心理、灵魂各个生命层面，而不是停留在生物层面只看到"病"，更不是靠单一用药来处理"病"。

在西方，有许多精神病治疗学家本身也是心理治疗学家，在心理治疗与精神病治疗领域，人们开始探索和发展一种整合治疗模式。在一些医院里，精神科医生与心理治疗师、社会工作者、牧师等一起合作进行整合治疗。在我国的医疗传统里，本来是全人关怀和系统治疗的模式，但我们现在正在失去传统的治疗资源与医疗品质。我相信，整合式治疗能够促成生命的全面成长与充分实现，让人活得幸福和活出价值。在目前的中国，心理治疗的专业化进程正在发展，越来越多的人开始应用多样化的治疗资源。在精神病治疗领域，也正在涌现一批具有开拓精神和创造意识的精神科医生，他们开始接受临床心理治疗专业训练，并且开始把心理治疗整合到精神疾病治疗之中。在我的期待里，整合治疗模式将会得到心理治疗和精神治疗领域的专业人士的认可和推动，从而在中国建立和发展起来。

医治的心

心理咨询指南

尽管心理咨询在中国已经有二三十年的历史，但依然有许多人不了解它，甚至对其还有不少的误解。我这里讨论心理咨询"不是什么"，从而引出心理咨询"是什么"，便于人们消除误解，寻找到真正的心理咨询，从中得益……

心理咨询不是简单提建议

一般认为，一个人在生活中遇到困难，感到困扰，不知道该怎么办，因而前来寻求心理咨询。但是，心理咨询并不是简单地告诉对方该怎么办。

我在咨询中发现，父母最普遍的问题是：不管孩子遇到什么问题，立刻就提供建议，告诉孩子该怎么办。这造成的结果往往是，孩子接受了太多的建议，难以有自己的主见，在生活中四处向别人讨主意。父母感到纳闷：我们的孩子怎么就长不大呢？他们不知道，问题背后的根源是：他们太轻易给孩子提建议，给孩子提太多建议。

心理咨询也不是不提建议，而是少提建议，慎提建议。原因至少有以下几条：

1.轻易提建议，会掩盖问题，使问题的本质与根源得不到真正的探索，使来访者对问题的理解只能停留在表面。虽然建议可能应付一时，但不能使问题得到真正的处理。

2.轻易提建议，往往并不真正见效。如果咨询师没有对当事人及其问题做真正的探索和了解，他提的建议往往并不符合当事人的情况，以至于当事人会说："我这样做过，但不行。"如果咨询师提了几个建议，都被来访者认为"不行"，这会削弱来访者对咨询师的信任，会给咨询师造成挫败感。

3.如果咨询师提太多建议，不能帮助来访者建立自信，反而可能养成依赖。成熟的咨询师会跟来访者建立关系，跟他一起探索，并且有意识地让来访者自己去发现真相。这时，来访者不仅从中获得领悟，还增强了自信。初出茅庐的咨询师会急于把"真相"或"真理"告诉对方，会提太多的建议。这样的咨询，只是让当事人被动接受，会渐渐觉得自己不行，也很难主动去做出改变。

心理咨询不是替来访者解决问题

在心理咨询中，我们发现一个最普遍的问题：父母对孩子包办代替。家长把所有的家务都做了，本来是孩子力所能及的事，对孩子发展能力有利的事，家长也全部包办代替，只把学习留给孩子，只让孩子做作业。这造成的普遍结果是，孩子成绩好，却没有生活能力，这样的孩子长不大。

最近，一篇报道引起许多中国人的注意：美国哈佛大学的一些社会学家、行为学家和儿童教育专家，对波士顿地区 456 名少年儿童所做的长达 20 年的跟踪调查发现，爱做家务的孩子与不爱做家务的孩子相比，长大后的失业率为 1:15，犯罪率为 1:10，爱做家务的孩子长大后的平均收入要高出 20%，离婚率、心理疾病患病率较低。

心理咨询是咨询师协助来访者解决问题，不是"替"他解决问题。原因如下：

1.心理咨询是一场合作，不是咨询师单干就可以完成。整个咨询过程中，来访者需要自身做出努力，不能指望咨询师替他解决一切问题。

2.只有来访者自己努力去解决问题，才会发展出解决问题的能力。

3. 人生是一个过程，问题是在一个过程中形成的，解决问题也需要一个过程。来访者跟咨询师合作解决问题的过程，也是他成长的过程。

需要说明的是，有时候，问题得到了解决；有时候，问题得以减轻；有时候，问题虽然没有解决，但当事人的焦虑程度降低了；有时候，问题似乎还在那里，但当事人长大了，就把问题看小了，就超越了问题。

心理咨询不是让来访者依赖咨询师

按照发展心理学的观点，人出生之后，需要跟父母建立紧密的依恋关系，才能存活和成长。但是，父母教养孩子要有一个明确的意识，就是慢慢让孩子摆脱对自己的依赖，渐渐发展成为独立的个体——不仅在身体上独立行走，在心理、情感、智能、道德、社会适应、精神等方面都渐渐长大，成为一个独立的人。但在心理咨询的过程里，我们发现，许多父母对孩子过度保护，对世界有各样的担心，对孩子总是不放心，也不敢放手让孩子自己去尝试。这样做导致的结果是，孩子无法长大，对父母有强烈的依赖，同时因为不甘依赖而对父母有各种反叛的情绪和行为。

一个人前来寻求心理咨询，他的内心可能或多或少有依赖的意识或愿望，但这时咨询师需要去处理当事人身上的这种依赖倾向，全力促成他坚持成长。可惜的是，在心理治疗中，过于依赖方法的治疗，不能真正帮助当事人建立自己，单一诊断与用药的治疗模式，更有可能在来访者身上养成依赖，甚至可能导致当事人终生吃药，也就是终生依赖。

我们必须明确：心理咨询不是培养来访者的依赖，而是支持他变得更加独立。要达到这个目标，咨询师需要做到以下一些方面：

1.咨询师具有成长的意识，在咨询过程中不断鼓励和协助对方成长，小心处理任何一种可能造成依赖的情况。

2.咨询师对来访者有信心，帮助他发现和使用生活中的资源，从内心培养一种"我能行"的感觉。

3.咨询师鼓励来访者主动做出尝试，在现实中发展出解决问题的能力，增强其自主的意识。

心理咨询与商业活动不同。商业的目标是试图用商品的质量培养永远的消费者，而心理咨询的目标，却是要用专业的服务把来访者变成不再需要心理咨询的人。对于咨询师来说，他工作的目标不是让求助者永远需要他，而是让自己成为一个不必要的人，即当事人不再需要他。当来访者觉得心理咨询对他不再必要时，心理咨询的任务就基本完成了。这时，来访者跟咨询师的关系就结束了，他回到生活中去，投身于学习、工作以及各种成长活动中，让自己发展成越来越好的自己。咨询关系结束了，咨询师与当事人各自保留着一种秘而不宣的温暖感觉。咨询师的感受就如同把孩子养育长大的父母，他陪伴当事人度过了一段人生的艰难旅途，看到当事人正在成长和成为人类群体中健康而优秀的分子时，他心里充满了欣慰之感。

心理咨询不是咨询师用个人经验解决问题

经验非常重要，每个人都在自己的经验里长大。经验是成长的资源，缺乏经验却是症状的根源。在许多类型的心理症状背后，我们发现一种普遍的情况：父母过于把自己的经验强加给孩子，用自己的经验取代孩子的经验，导致孩子在成长过程中，自我经验严重缺乏，不能充分确认自己，只能依赖父母的标准而活。当他们长大成人，离开家庭环境，进入更大的生活环境中时，问题就开始出现：遇到新的情况，他们不知道如何应对，内心里感到恐慌，严重者会发展出心理症状，在里面躲避起来。

心理咨询师重视经验，相信每一个人的经验都非常重要。但是，任何人的经验都不是标准，不能代表真理。在从事心理咨询的过程中，咨询师可以跟来访者分享自己的经验，通过经验分享，可以跟当事人建立更亲切、更自然的关系，他的经验也可能对当事人具有参考价值。但是，他必须避免把个人经验强加给当事人。心理咨询强调对来访者的尊重，包括对每一位来访者自身经验的独特性的尊重。来访者有权选择用自己的经验和方式去解决问题，咨询师所能做的是跟他一起分析他的选择，以及可能产生的各种情况。有时候，咨询师会面临一种挑战，来访者会反复问咨询师："根据你的经验，你会怎么做？"咨询师需要谨慎回应，因为这话里可能反映来访者的一种依赖倾向。他之所以这样问，可能是害怕承担自己做出选择的后果。咨询师可以让来访者意识到这一点，并且鼓励他去做出选择，同时勇于承担选择的后果。

心理咨询不是讲一通道理

这个世界上充斥着各种各样的"道理"，道理也变得越来越不管用了。许多苦口婆心的父母抱怨孩子怎样把他们的话当作耳边风。他们带孩子前来寻求心理咨询，是因为他们以为我们更能讲道理，岂不知道，我们做心理咨询，是要把许多人从"道理"的束缚中解救出来。我曾经在《道理会伤人》这篇文章里讲到《大话西游》中的唐僧，并认为他就是天下父母的代表。这个形象让我们意识到，道理太多，对人的伤害力很大。

从事心理咨询，我们需要培养这样一种基本态度：不讲道理，少讲道理，慎讲道理。对此，我想到以下几个方面：

1. 讲太多道理，往往出自咨询师内心好为人师的冲动，觉察的咨询师会随时提醒自己，不要被这种冲动所牵制。

2. 咨询师不一定比来访者懂得更多的道理。特别涉及来访者为之长期挣扎的问题时，我们与其给他讲道理，不如听他讲道理，从而更多地去了解他，了解问题产生的根源、问题持续的过程、问题导致的结果，以及他处理问题的方式、结果，等等。

3. 如果咨询师只是讲道理给对方听，那叫说教；如果咨询师把道理变成提问，让当事人自己讲出来，那是启发。因此，与其讲一大堆道理，不如提一些问题，引导当事人看到问题背后的资源，看到生活中的可能，树立积极的态度，采用主动的行动，去做出改变。

4. 心理咨询有一个神奇的奥秘：不是要求对方听下去，而是帮助对方讲出来。一个人内心里积累了许多悲苦的东西，他来寻求一双耳朵，而不是一张嘴巴。当他讲述出来，他受伤的情绪就在经历自然的医治，他对自己、对他人、对事情的理解就在不断更新。因此，好的咨询师多用耳朵，少用嘴巴。心理咨询的真功夫不在于说，而在于听。有一句话是很好的提醒："听一大堆，说一点点。"在倾听中，咨询师了解了对方的困难，跟对方建立了关系，并且能够做出适当的回应。

心理咨询不是判断是非

说心理咨询不是判断是非，这并不意味着心理咨询师没有原则，没有是非观，在面对是与非的问题时装糊涂，要滑头。而是说，心理咨询师不要太关注正确与错误，而要注重关系，不要花太多精力去判断是非，而要全力去促进沟通。

我从以下几个方面来谈一谈这个问题：

1. 对于心理咨询来说，辅导是关系的辅导，治疗是关系的治疗。如果咨询师判断太多，会影响与来访者之间建立关系。如果关系建立不起来，心理咨询就难以进行下去。

2. 心理咨询不是道德法庭，而是心灵接待站。要知道，许多来访者的内部本来就有一个森严的道德法庭——这往往源自成长过程中受到太多的管束与责备，他们的内在自我被塑造成一个严苛的法官，他们的一言一行都会受到严厉的评判或苛责，以至于他们的内疚感很强，自我反省过度，对他人的看法十分敏感。在这种情况下，如果咨询师过于判断，会强化他们的内疚感，让他们觉得更加受到指责，以至于在太大的压力之下产生逃避、防御甚至抵抗的反应，这并不利于帮助当事人看到自己的问题和做出改变。因此，好的咨询师会更多接纳和理解当事人，因为他知道，当一个人被接纳、被理解时，才会有真正的自我反省，才会主动去做出改变。

3. 心理问题总表现为关系的问题，如一个人跟自己的关系不好，不断进行自我折磨；一个人跟另一个人关系不好，不断进行彼此折磨。折磨的方式总是一方指责另一方，双方执着于谁是谁非，争论不休。例如，有一对夫妻出现关系问题，前来寻求心理咨询，表面看来，他们想让我给他们做一个谁对谁错的判断。但是，如果我真的这样做，这不仅对他们的关系不利，而且对我跟他们的关系也不会有利。长期以来，他们纠缠于是非对错，互相贬损，彼此攻击，以至于双方都觉得自己在对方眼中一无是处，婚姻被逼到了崩溃的边缘。于是，我不去评判谁是谁非，反而全力促进他们进行情感的沟通，带他们走出谁对谁错的循环，恢复受到伤害的关系。在沟通中，他们觉察到，他们的关系之所以受到伤害，正是因为他们长期盯着对方的问题(一定要弄出个谁是谁非来)，而不顾两人之间的关系(如果关系伤害了，争出个是非曲直来还有什么意义)。从心理咨询的经验里，我总结出一个指导性的原则：不是事实，而是关系；与其判断是非，不如促进沟通。

心理咨询不是只管症状，不问生活

心理咨询不是只管症状，不问生活。症状与生活密切相关，脱离生活去做治疗是不可思议的。症状是一种表现形式，甚至是一种象征，症状的根源基本上是文化因素，即当事人在成长过程中跟环境因素发生互动的那些因素。从事心理咨询，需要全面了解一个人的成长经历、生活环境，包括生活的困难、负面的事件、造成的伤害，及其情绪、情感、思维方式、观念系统、行为模式、生活风格、人际关系、职业发展、家庭生活，等等。症状的根扎在生活的土地上，每一部分的阻碍都在影响着一个人的生命效能。心理咨询不只是处理表现出来的症状，更是去处理症状背后的各种人生破碎，要在那里做深入细致的修复工作。

人生问题才是症状的根源，处理与症状相关的人生问题，让生命获得全面的成长，成为更好的自己，这才是心理咨询与治疗的本质。如果心理咨询与治疗只停留在症状的层面，这往往是捕风捉影。因为，即使采用某种方法处理某一种症状，通过药物抑制了某一种症状，症状也会重复，或者以另一种形式出现。因此，只针对症状的治疗，消极的或抑制性的治疗，往往是治表不治里，摘除病叶败果，未及根部问题，只是扬汤止沸，不是釜底抽薪。

有效的心理咨询，是帮助当事人重塑生命，重返生活，可以称之为成长导向、整合模式的治疗。这种治疗用全人的眼光看待人，用系统而深入的方式关怀人。它不是停留在方法的层面上，更不是采用单一的诊断—用药模式，它关顾当事人的生命，处理人生的各种阻碍因素，在每一个需要的地方工作，促成当事人的觉察与成长。成长导向的咨询师或治疗师有明确的成长意识，帮助来访者移去症状的各种遮蔽，发现生活的支持因素和内在的成长资源，包括处理他可能存在的依赖性，激发他追求生命成长的主动性。这样的治疗，需要咨询师花很长时间跟来访者进行沟通，而不是花5至15分钟看一位"病人"。心理门诊式的治疗难以产生深入的治疗效果，也会局限一些本来颇具专业素质的心理治疗师的专业探索与发展。

成长导向的治疗，不只是方法的治疗，更是生命境界的治疗。咨询师不只安慰，更要引导当事人直面他的生活，对存在的根本方面做出反思与觉察，看自己的人生选择，看这些选择怎样形成了他的生活，看症状给自己造成的遮蔽，让自己从遮蔽里走出来，去发现生命的意义。有一个来访者看到，症状如同一间黑屋子，把他困在其中，把他与生活的各种可能性隔开了。治疗如同给这间黑屋打开一扇门，一扇窗，让他看到生活的光亮。进而，治疗帮助他掀掉黑屋子的顶。最后，当事人冲出黑屋子，到空旷的地方去，从此过光明的生活。

心理咨询不是强迫

心理咨询有一个重要观念：世界上没有绝对，人生不可能完美。追求用某一种极端的方式，试图以此取代一切，这不是心理咨询要去达到的目标，而是心理咨询要去处理的问题。同样，心理咨询也不是万能的，不过是人生诸多助人方式中的一种，它本身也有局限性，也受到各种条件的限制，并不是总能产生最好的效果。

心理咨询致力于促成改变，但改变需要一个过程，是循序渐进，成长需要一个过程，不能拔苗助长。在这个过程中，咨询师要给自己留一点空间，给他人留一点空间；让自己在咨询过程中一点点做到，让他人在成长过程中一点点做到。咨询师不要跑到求助者前面，而要常常跟在求助者后面，在需要的时候推一把、扶一把，顺其自然、因势利导，而不加强迫。从古至今，在人类社会中，总有人以为自己发现了真理，就把真理强加给别人，导致了许多的伤害与灾难，然后又把这些伤害与灾难加以合理化的解释。从事心理咨询，我们也看到，许多人在成长过程中受到太多的强迫，自我变得太弱，以至于不敢有自己的想法，过于在意别人的看法，强逼自己完美，言行都讨好别人，生怕被人拒绝，担心受到责备。另一方面，我们在症状里还发现一个本质，就是一种绝对化的情绪与心理。当一个人情绪受到伤害，他心理上会产生不安全感，受到不安全感的驱动，他会在生活中拼命追求绝对或完美，要求得到一个"真理"来保证一切、解决一切。他用"真理"去强迫他人的行为，原来是为了满足他无意识的安全需求。追求"真理"，成了症状。

作为心理咨询师，我们要建立一个基本态度：我不是真理。这也是一种"非绝对化"或"去绝对化"的态度。咨询师把自己当"真理"，那是一种虚妄的态度。如果咨询师用"真理"的名义去强迫他人，他不是在医治，而是在制造新的伤害。直面心理学的目标，是让人发展出真我，活出内在那个"真的猛士"：既能投身于服务他人，又能真正坚持自己的人。用鲁迅的两句诗来解释，就是既能"俯首甘为孺子牛"，又能"横眉冷对千夫指"。

咨询师有自己的价值观，但也可以让来访者有自己的价值观。心理咨询的一个重要原则叫"同理"，"同理"的态度与"真理"的态度正好相反，是指咨询师放下自己的价值观，进入对方的体验，不给对方的价值系统造成任何损伤。

尼采说过一句话："不是真理，而是解释。"咨询师用"真理"的态度去治疗，这会让他的工作空间变得非常狭窄；如果他以"解释"的态度治疗，这就让他得以在一个很大的平台上工作。

　　心理咨询还有一个原则，叫"中立"。"中立"不是不管不问，而是一种更为宽阔的关怀与干预。举例：在咨询过程中，一个男性来访者对咨询师说："我妻子跟我结婚之前，跟前面的男朋友发生过性关系，而我一直都不知道。"咨询师说："你的妻子为什么欺骗你？"这话不是中立，因为"欺骗"一词会给对方造成误导。咨询师说："你的妻子只是出于好意才没有告诉你。"这话也不是中立，因为咨询师还不了解情况，就一下子站出来为来访者妻子说话，这会影响咨询关系，也会影响后面的谈话。中立的回应可以让咨询师跟来访者建立适宜的关系，从而引导当事人做客观的陈述。

　　当然，心理咨询本身就是一个施加影响的过程，没有绝对意义上的中立。但是，施加影响需要把握火候，强迫的态度总是不适的。

心理咨询不是任何人都可以做的

　　一般认为，心理咨询就是跟人聊天，开导别人，是一件很简单的事情。因此，谈起心理咨询，许多人都跃跃欲试，连我家小区的门房老张每每见到我，都会提出要求，要到我工作的机构去做心理咨询师。这大概也是心理咨询在中国如此火爆的原因之一吧。在许多人眼里，心理咨询是一

个很好的职业。想想吧，跟人聊天，听人讲故事，还可以
教训人，人家还付费给你。这等好事哪里去找？这种说法，
类似于前些年，有人评论人本主义治疗大师罗杰斯，说他
从头到尾听别人讲，只是点头微笑，嘴里发出表示赞同的
"嗯哼"，这太简单了。因此，他们称罗杰斯为"嗯哼大师"。
在我生活的周围，时常会听到别人说："我很会开导别人，
亲戚、朋友、同学、同事有什么事，都会来跟我聊一聊，
就好了。"例如，老张说道："隔壁有一对夫妻闹离婚，
他就对那家的儿子说：'傻孩子，赶紧抱住你爸的腿哭，
不要让他走呀。'"

他们说的这些，零零散散带有一些心理咨询的性质，
但不是心理咨询本身。我对他们说：心理咨询是一种专业。

关于心理咨询是专业，至少涉及这样一些方面：

1. 心理咨询是由接受心理咨询专业训练的人去做的工
作。这些专业工作者，需要有理论方法的训练，需要接受
督导，需要在实践中总结经验，需要具备一定的生命素养，
需要对自我有相当的分析与觉察。心理咨询师的训练，包
括精神分析、人本主义心理治疗、认知行为、存在主义心
理治疗、家庭系统治疗、沙盘治疗、音乐疗法、催眠疗法，
以及在中国文化背景里产生的整合东西方的疗法和本土资
源建立起来的疗法。专业训练的方式有培训班，也有大学

的心理学教育。

2.心理咨询是在相关的专业机构里进行。在中国，心理咨询一般在三个背景的专业机构里进行：一是社会背景的心理咨询机构，二是医院背景的心理治疗中心，三是学校背景（主要是大学）里的心理咨询室。

3.心理咨询通过这样一些基本方式进行。面谈：有需求的人前去相关的心理咨询机构跟专业人员谈话。每次谈话在一个小时左右，绝大多数情况下，不会只谈一次，而是需要一个系统的谈话，次数大多在五次到数十次之间。电话咨询：电话咨询往往由专业的心理咨询机构提供，电话咨询具有即时性、随时性和便利性的特点。团体咨询：由专业团体咨询师或治疗师带领。

心理咨询也通过其他形式进行，如集体讲座、团队训练：往往在大学或社会机构、企业里进行；社区康复：由专业人员、专业机构跟社区合作，开展各种增强生活能力、人际交往能力、职业发展能力，以及症状康复活动等项目；网上服务：通过电子信箱、在线专家论坛等方式进行；媒体节目与专栏：电视台、广播电台的心理咨询节目，以及报纸杂志的专栏文章，都可以起到一定的作用。

心理咨询不是任何人都可以做好的

心理咨询作为一项专业服务，可能成为一个人生活中所能找到的最好的援助资源，但这并不是说，你总可以找到。因为，有好的心理咨询，有普通的心理咨询，也有不好的心理咨询。因此，要从心理咨询得到最好的帮助，需要你做出好的选择。好的选择，让你得益无限；一般的选择，使你收获不多；不好的选择，甚至可能给你造成损失和伤害。

大体说来，要选择心理咨询，需要注意以下一些方面：

1. 寻求心理咨询，最关键的是选择咨询师。

咨询师有所不同，甚至差别很大。特别是在目前的情况下，心理咨询师队伍良莠不齐，要谨慎选择。可供选择参考的方面如：（1）接受专业训练不同，有的长，有的短，有的是零散的，有的是系统的。（2）临床经验不同，有人具有丰富的经验，有人的经验则不那么丰富，有人是专职的，也有人有自己的职业，与心理咨询相关，偶尔为之。（3）专业范畴不同，心理咨询有不同的领域，因为术业有专攻，会各有所长，各有所短，你可以根据自己的需要寻求不同的咨询师。（4）生命境界不同，这一点不好说，却很重要。你跟一个咨询师谈话，能够感觉到他的境界。你可以参阅本书中《寻找治疗师》这篇文章。这里需要提醒几种境界不高的情况：有人好为人师，喜欢表现自己；有人喜欢分析他人的问题，满口专有名词；有人头痛医头，脚痛医脚，只能处理表面问题；有人名头很大，徒有其表，没有真正的专业能力。

2.寻求心理咨询，需要学会维护自己的权益。

在心理咨询行业内，一直有人呼唤建立严格的培训、督导、资格认证和审查制度，但目前依然存在各种各样的问题。例如，有人受到培训机构宣传的影响，以为心理咨询"钱"景很大，做了投资（接受培训的费用、租房、办公费用、人员工资等），不见回报，会采用非正当的手段从来访者身上获取额外的利益，包括推销医疗器械、商品、保健品、书籍等；也有人对来访者的情况做威胁性的、夸大性的病理描述，以此增加面谈次数；还有人对治疗效果进行极端的不实宣传，如"一次催眠，终生根治"之类。例如，有一位来访者前来寻求心理咨询，几次面谈之后，觉得没有达到他期待的"身心相通"的效果，遂从山东赶到上海一家机构接受"催眠"，当天被"催眠"七个小时，一觉醒来，支付了4500元（打折价）。催眠不是睡眠，更不是连续七个小时睡眠。就这样，这个旅途劳顿的当事人，带着对"灵丹妙药"的期待，在上海完成了他一生中最昂贵的一次睡眠。这位求助者不甘如此，又找到另一个提供"催眠"治疗的机构，在那里正赶上那个机构在做催眠培训，他被劝说参加催眠培训，学成之后，可以给自己催眠，也可以给别人催眠。结果是，他又付出了18000元的代价。回去之后，他的绝望感更大了，决定去买安眠药，说反正没有救了，不如死了算了。需要提醒一下，这个求助者是可以通过有效的途径去维护自己的权益的。

3. 寻求心理咨询，需要你适当地付出。

心理咨询是专业的服务，收费是合理的，是为了保证行业的生存与发展。在目前环境下，经济问题成了制约心理咨询行业发展的一大瓶颈。特别是社会上的心理咨询机构，其中有许多人是出于对专业的兴趣，出于助人的热忱，而投身于心理咨询行业中来的。但是，收费有限，维持生活与机构运作就存在困难。因此，人们有理由担心，如此低的待遇会导致难以产生优秀的心理咨询师。

4. 寻求心理咨询，需要你突破自身的某些阻碍因素。

概括起来，这些阻碍因素有以下几个方面。（1）面子：担心接受心理咨询被周围的人笑话，或者怕在咨询师面前暴露自己的隐私。提醒：心理问题不是见不得人的事，是追求生命品质的表现。（2）观念：认为有心理问题表现一个人软弱无能，或者有道德品质上的问题，因此许多人宁愿忍着，也不敢寻求心理咨询的帮助。提醒：不要等心理问题变得严重时才来寻求心理咨询。（3）对心理咨询的效果有疑虑：产生这种疑虑的原因因人而异，有人没有接受过心理咨询，因而有疑虑；有人接受过心理咨询，但没有达到期待的效果，因而有疑虑；有人可能受过骗，不再相信心理咨询。提醒：不管怎样，我都鼓励你去寻找，只是要谨慎选择。例如，不要相信"一次根除"的鬼话，也不要对效果抱有不切实际的期待。（4）对费用有所顾虑。这里有两点需要澄清：如果你有能力支付，尽可能付费，这费用是值得的；如果你没有能力支付，依然去寻求，有的机构会提供减费和免费的服务，这样的机会虽然不多，但一定有，只要寻找，就可以找到。（5）应付的态度：有人寻求心理咨询，只是为了应付一时，产生一些效果之后，就中断了咨询，例如，家长怕耽误孩子的学习，很容易浅尝辄止。提醒：接受心理咨询，对问题做系统而深入的处理是最好的。（6）误解：有人误以为心理问题就是精神病，因此顾虑重重。需要特别提醒：心理问题≠精神病。

寻找治疗师

人们寻求心理咨询，最关心会不会有治疗效果。因此，在寻求心理咨询之前，人们会去了解许多情况，问许多问题，想确认心理咨询的效果到底如何。如，用什么方法做治疗，等等。

不是怎样治疗，而是谁在治疗

有一句话说出了心理咨询的关键：不是"怎样"医治，而是"谁"在医治。

因此，寻求心理咨询和治疗，其实就是寻找心理咨询师或治疗师。

对心理治疗师的误解

人们对心理治疗师有许多想当然的看法，而这些大多

不真实。这里选出几条最普遍的误解加以澄清:

1. 治疗师不是心理完美的人。一个成熟的治疗师会接受自己的不完美,会坦然表现一个真实的自己,甚至会袒露自己的弱点,避免当事人对他进行理想化的投射。他自然得如同你在生活中遇到的任何一个人。当然,作为治疗师,他接受过专业的训练,包括对自己的深度分析与觉察,会在咨询中尽量调节自己的心理与情绪,避免不适当的反应给求助者造成负面的影响。如果你遇到一个治疗师,在你面前显露一副完美的样子,摆出一副权威的面目,高高在上,不可亲近,或者用太多的头衔来证明自己如何了不起,这些不过是他的面具。如果你遇到这样的治疗师,赶紧另寻高明。因为,在他的面具下面要么是虚弱的专业能力,要么是别有所图。

2. 治疗师不是魔术师,不是算命先生。心理咨询会产生奇妙的效果,但这个效果往往是在一个过程里发生,不太会立竿见影。如果你遇到一个治疗师,他声称可以用某种方法一下子解决你的问题,或者一次性"根除",你要留心,世界上没有这样的方法。他们之所以这样说,是因为有许多遭受心理困扰的人在寻找这样的"奇迹",结果"奇迹"没有发生,却让"骗术"一次次得逞。

3. 治疗师不会读心术。是的,有经验的治疗师具有相当的敏察力，但他需要跟你谈话，才会慢慢了解你，才会发现问题发生的根源，才会找到解决问题的策略。许多人对心理学有误解，对心理咨询有误解，认为心理学等于心理咨询，认为心理咨询师能够一眼看穿别人的心思。这会让学了一些心理学皮毛的人产生虚妄，也会给真正的心理咨询师造成压力，更可能让一个人在寻求心理咨询师时产生防御，反而影响治疗效果。我记得以前出差在外，路途中跟人聊天，当对方知道我的职业时，我明显感到对方内心立刻架起一道防御，对我有所提防，接下来的谈话就变得不自然了。我知道这源自误解。此后，为了省却不必要的麻烦，我在聊天时不再说自己的职业是心埋咨询师。

4. 治疗师不是"医生"。在我们的文化习惯里，许多人把心理咨询师称为心理医生，但需要澄清的是，心理治疗跟身体治疗很不一样，不是一套固定的诊断和开药模式。可惜的是，一些医院里开办"心理门诊"的服务模式，大多是谈上 5 至 15 分钟，简单做出诊断，接着就开药，再要求住院，以至于一个门诊医生一天接待十几个人甚至几十个人，这哪里是心理咨询或心理治疗？虽然在医院里，有一些优秀的、训练有素的心理治疗师，但这种治疗模式却给他们造成了局限，难以产生治疗效果，也限制了专业的探索与发展。

寻找这样的治疗师

那么，你需要寻找怎样的治疗师呢？下面我大致描述一下治疗师的基本特征，你可以根据这些特征去寻找你的咨询师或治疗师。虽然一个治疗师不见得具备所有这些特征，但有一点是肯定的，他越是趋近这些特征，他越是一个好的治疗师。也需要提醒的是，这些特征并不是明摆在那里，而是你在跟他谈话时感受出来的：

1. 他对生命有怜惜之心，有悲天悯人的情怀，真诚关怀别人的幸福，体谅人的有限，体恤人类的生存境况。他能够敏感地察觉到你的需求，并且会做出适当的回应，但他的回应不会让你觉得尴尬，而是自然流露出来的。

2. 他对生命有兴趣，喜欢跟人相处，不惮于进入别人的内心深处，敢于直面生活与生活最根本的问题。他把心理咨询看作生命与生命的相遇，他会跟你进行深度的沟通与互动。

3. 他关注你、倾听你，并且设身处地体谅你的感受，尊重你的经验，理解你的问题及其产生的根源，接纳你的弱点和错误。他这样做的时候，你会感到自然而温暖，并且愿意向他敞开你自己。他的体谅不是技术，而是基于一种"人同此心，心同此理"的感受；他的同理不是占有性的，而是科胡特（Heinz Kohut）所说的"不带诱惑的深情"；

他的体谅不是从高处施予的怜悯，而是出自他自身经历过同样的激烈而深沉的内心痛苦与挣扎，用路云的话来说，他是一个"经历过创伤的医治者"。

4. 他对人生有成熟的看法。他对人类生存处境有根本的思考和全面的理解，他相信，人生是艰难的，问题是生活的基本组成部分。人生不只是追求快乐，更要面对生活的艰难，从而活出存在的意义。

5. 他对人抱有积极的态度。他之所以选择治疗的工作，是因为一个基本信念的支持：人是会改变的。他相信，人性里有积极的趋向，就是追求成长、成为自己的趋向。而治疗就是促进人的改变，让人沿着成长的趋向，穿越生活的各种艰难，坚持成长，最终成为自己。

6. 他有确定的价值观，但不会把自己的价值观强加给你。他会了解你对人、对事、对自己的看法，但不会给你的价值造成任何损伤，甚至他会跟你探讨价值观问题，但他关心的不是你的价值观是否跟他的一致，他关心的是：你的价值观对你是有益的，而不是有害的。他的个人价值观必须符合治疗的基本价值准则：一切为了提升对方，而不是抬高自己。

7. 他知道自己的角色是一个助人者，不是万能的救星。他的工作是帮助你解决问题，而不是代替你解决问题。他会鼓励你面对和解决自己的问题，从中发展出"我能行"的能力与自信，而不是让你养成对他的依赖。作为治疗师，他会努力去实现这样一个目标：让自己成为一个对你"不再必要的人"。

8. 他有基本的自我觉察，而且不断增进这种自我觉察。他了解自己从事心理咨询的动机，他会不断向自己提出问题，并且时时自己做出回答："我是谁？""我为什么要做一个治疗师？""我用什么做治疗？"等等。他明白，他不是靠帮助别人来满足自己的某种隐秘的需要，而是珍惜和重视自己有帮助人的机会——如欧文·亚隆（Irvin Yalom）所说，这是来访者给他的幸运或特权。

9. 他在态度上是谦逊的、认真的、谨慎的，但他对自己的治疗能力充满自信。他知道自己的工作十分重要，稍有不慎，就会给来访者造成伤害，甚至，他的治疗可能成为来访者命运的转机。因此，他忠实于自己的工作，恪尽职守。同时，他在治疗上充满自信，不会被已经定型的观念系统和治疗程序所限制，只要有可能，他都会去进行创造性的努力。

10. 他真实、诚恳而可靠，他不戴面具。他是一个治疗师，但他不是用自己的角色在做治疗；他更是一个"人"，是用自己的生命做医治的工作。因此，他会真诚而自然地祖露自己，跟你在生命的深处相遇。他的真诚包括，他的医治不只安慰，若对你有益，他会出于关心跟你对质，表现出一种"不带敌意的坚决"（科胡特的用语），这也正是直面的态度。

11. 他的心理并不完美，但他具有良好的心理调节能力和弹性的个性；他具有活力，具有感染力。

12. 他具有良好的敏察力，能够辨识纷繁的生活表象，能够洞察曲折的心理活动，但不会让你感到受到威胁、产生防御。对他来说，治疗的根本是帮助你获得觉察，整个治疗过程是跟你一起经历"山重水复疑无路，柳暗花明又一村"。

13. 他善于使用语言，但他的表达是具体而简洁的。他会明确地表达自己的意思，而不用模棱两可的方式说话；他会用你听得懂的语言说话，而不会随口讲一套专业名词；他的话语虽然普通，却是恰当的，甚至能够触及微妙之处。他知道心理咨询是语言的艺术，而这艺术是每个人都能够感受得到的。

14. 他具有幽默感。虽然心理咨询是一件严肃的事情，但治疗师的幽默感有时候会起到很好的效果。例如，在治疗过程中，你也许会感受到，治疗的某个幽默的表达，使你不禁为之开颜，长期形成的某个心结在一笑之间解开。

15. 他尽量向更多的知识领域开放，而不让自己成为某一个学科的专家。他会不断主动地通过阅读，从人类最新的知识成果中吸收资源，好让自己更有效地帮助他人，而不至于变得枯竭。

16. 他有良好的常识、丰富的跨文化经验、充分的社会生活能力，并且会不断向新的生活经验开放，好让自己有能力对来访者的广泛需求做出回应，并且协助他们对自己的经验、感受和行为做出整合。

17. 他有适当的边界意识，而这种边界意识表现为：他能跟你建立良好的关系，也能跟你适当地分开；他对你的问题能够入乎其内，也能够出乎其外；他体谅你的情绪，但不会过度搅入其中。他这样做，是为了让你更好地成为自己。

18. 他有耐心。他知道，治疗不是一件容易的事，有时候，心理症状如同一块顽石，治疗就如同每天敲击顽石，让来访者的自我从禁锢中走出来，而这需要一个过程，而且在许多情况下，这个过程是缓慢的，需要治疗师有足够的耐心。有时候，来访者自己都几乎放弃了，但治疗师却在寻找任何一个可能的空间坚持工作，因为他明白"欲速则不达"的道理。

19. 他的治疗是顺其自然的。好的治疗师，把治疗变成一个自然而然的过程，让改变在"天时""地利""人和"的状态里发生，让改变按自己的步骤和方式发生。这时，他成了一个"无为而无不为"的治疗师。所谓"无为"，不是什么都不做，而是按照自然的方式去做；不是强求，而是因势利导；不是拔苗助长，而是春风化雨。只有这样，才做得恰到好处，才能达到"无不为"的效果。

20. 他相信经验。一个真正的治疗师，是在经验里成长起来的，他相信经验，也在经验里变得自信。有一个说法：十年的治疗经验会造就一个成熟的治疗师。经验比头衔更重要。

21. 他接受心理咨询是有限的。治疗是有限的，因为治疗师本身是有限的，来访者是有限的，治疗师和来访者的现实条件也是有限的。因此，治疗是在有限的条件下进行之后，产生有限的效果。寻求心理治疗，不要把它视为"唯一"，而要视之为"之一"。有时候，它是很重要的"之一"。生命成长是"万事互相效力"，心理治疗是其中的"一力"，而不是"一切"。因此，一个成熟的治疗师，会尽力而为，但不会苛求完美。

22. 他具有成长意识，不会逃避自己人生中的问题，反而让自己在问题中不断成长。他的成长表现在这样一些方面：他不断增进自我觉察，从而对他人有更好的觉察；

他能够接纳他人，也能够接纳自己；他会赞赏他人，也有适当的自我欣赏；他会犯错，但不会文过饰非，总是尝试做出改变；他解决别人的问题，不会不管自己的问题；他接受改变需要一个过程，因而不强求立竿见影的治疗效果；他能够忍受情况的暧昧状态，而不要求立刻水落石出；他重视文化的影响，保持良好的文化敏感。

"事"与"器"

最后，引用一句中国古语："工欲善其事，必先利其器。"这里的"事"是指心理咨询，这里的"器"，是指治疗师的生命。如果你要寻找心理治疗师，需要找到一个有生命的心理治疗师。

曾经受伤的疗伤者

医治的心，曾经受伤，随时还会受伤，却越来越减少了伤害。因为是人，所以受伤。当医治者接受自己是一个人，他就不仅会受伤，还会从受伤里发现医治的意义……

在西方，传统的心理治疗，如精神分析，称前来寻求帮助的人为"病人"；后来的心理咨询，如人本主义，称前来寻求帮助的人为"来访者"。在传统治疗里，从事心理治疗的人基本上接受过医学（包括精神病学）的训练，因此被称为"医生"；他们在专业上是权威，在心理上也被看作典范，他们对病人做出诊断、分析、治疗。后来，从事心理治疗的人，更多接受的是心理学的训练，因此被称为"咨询师"或"治疗师"；如同社会上许多领域的专业人士一样，他们为来访者提供专业心理咨询服务，因此"来访者"跟"顾客"是同一个词，即 client。再到后来，路云提出了一个新的概念，叫"疗伤者"，英文叫 healer，一般把这个词译为"医治者"。它源自路云所说的"受伤的医治者"或者"经历过创伤的疗伤者"，英文原词是 the wounded healer。这个词在西方被认为具有划时代的意义。

但"医治者"并不是路云的发明，它是一个更古老的概念，内涵相当丰富，包括古代的巫师、部落长老、哲学家、教师、医生、宗教家或神职人员等。这些人的倾向是把生命看作一个整体，对之有更全面和深入的关怀和医治，可以说是整体而全面的医治。到了弗洛伊德的时候，医生开始承担这种医治的职分，但也是从这个时候开始，心理治疗开始成为科学，而全面关顾生命的"医治"（healing）开始走向单一的"治疗"（therapy）。

弗洛伊德从宗教、哲学和文学里吸收了丰富的资源，试图建立一个心理治疗的王国，把精神分析定为一尊。但到了荣格，精神分析的独立王国受到了挑战。荣格曾被弗洛伊德指定为精神分析王国的"王位继承人"。但在荣格那里，精神分析不仅是"治疗"，还具有更广泛的"医治"的意义，涉及人的心灵层面。到了弗兰克尔，这种"医治"的意义显得更加明确一些。荣格与弗兰克尔从事心理治疗，不再只是医学意义的"医生"和"治疗"的概念，他们对生命有更全面的理解和关顾，提出了"灵魂的医生"（the doctor of the soul）这个概念，这里的"医生"（doctor）和"医治者"（healer）具有本质的关联。

路云提出"受伤的医治者"就把"医生"请下了权威的高位，让我们看到，他们不只是专业意义上的"专家"，也是普通人，就像求助者一样，他们也会受伤。因为对伤害有切身的体验，他们更了解伤害与生命成长的关系，对求助者有更自然的同理——那是一种既同病相怜又高于同病相怜的关系。因为这样，他们真心关切；因为这样，他们成了人类心灵伤痛的"医治者"。这关切的心，就是医治的心。他们能够实施医治，根本地说，是因为他们有医治的心。

这样的医治者，因为自己经历了伤害和医治，他们在面对求助者的苦痛时，能够入乎其内，同时出乎其外。一方面，他们跟求助者一样是病人，另一方面，他们又是医生，并且能够有意识地唤醒求助者内心里的医生，让他们相信生命会改变。他们用成长的眼光看待求助者，对每一位求助者都有"本是同根生"的深深体谅，他们还能给求助者提供具体的帮助，帮助他们解除因伤害而发展出来的宿命感，激发求治的动机，增强改变的信心，发现改变的契机，找到改变的方法，促进改变的行动。

这样的医治者，他们的生命本身便是良药，方法只是其中的一个部分。他们的生命达到怎样的境界，就会跟当事人建立怎样的关系。医治的效果在关系里发生。他们不仅关爱，而且"残忍"，甚至，正是因为关爱，所以才要"残忍"。有一个词叫"慈绳爱索"，其中包含生命成长的两个基本：爱与规则。中国有句俗语，"硬着心肠做父母"，其中透露的就是这种意味。

这样的医治者，能够体察人的心理需求，知道每一个人都有被爱的需求。他们对各种类型的症状进行考察之后，发现一个人不被关爱，他的生命就变得漂如浮萍，他就不能确认自己，会感到不安全、自卑，甚至会变得冷漠。因为了解人类有爱的需求，知道爱里有医治的功效，相信"在爱里没有惧怕"，因此他们会用真正的关爱去实施医治。

这样的医治者，了解人有信任的需求，相信当人有了基本的信任，就会发展出合作的精神，才会跟人建立良好的关系。症状显示，当信任感受到破坏，人会变得多疑、退避，过多使用防御，过多对抗，在内心里竖起一道墙，隔绝了他人，也孤立了自己。

这样的医治者，了解人有价值的需求，也知道人在生活环境中会受到各样的贬损，因此，他们会帮助求助者去发现自己的价值，提升自我价值感。在医治的过程中，医治者蹲下来，把求助者抬上去，让求助者站得更高，看到自己虽然受到贬损，但价值依然存在；虽然遭到伤害，但依然值得尊重；虽然经历破碎，但依然可以整合；虽然受到阻碍，但最终会使自己成长。

　　这样的医治者，知道人有安全的需求，但又了解人在成长过程中会遭遇各样的剥夺、威胁、抛弃，以至于失去了安全感，觉得环境里充满了敌意，稍有惊扰，他们就会以为"世界末日"来了，会惊跳而起，狂奔不已。这时，医治者会陪伴求助者，帮助他们消解内心的恐惧，减轻对环境的过敏，告诉他们"世界末日"并没有到来，让他们获得觉察，停止奔逃，重返生活。

　　这样的医治者，具有充分的文化敏感，能够深入个体的文化、家庭的文化、社会的文化、人类的文化中，去察看伤害的根源，去发现医治的资源。他们不仅关注个体的伤害与苦痛，还能看到深藏在民族意识里的伤痛，包括封建的毒素、历史的创伤、各样的内忧外患。医治者会抚摸个体的伤害和民族深创巨痛，默默实施医治，如古诗云："随风潜入夜，润物细无声。"这便是医治的心。

　　曾经受过伤的医治者对求助者有自然的同理，在共同的经验中建立了关系。俗语说"难兄难弟"，便是在"难"

中建立的情感纽带。医治者和求助者分享了人性的共同本质：我们都会受伤。医治者并不是刀枪不入的超人，并不拥有高高在上的权利。医治者不是故意保持距离的权威，不是"客观""漠然"、一副科学面孔的分析者，因为他们自己也曾受伤。医治者经历过创伤，又获得了医治，这就很容易赢得求助者的信任。一个看上去刀枪不入的医生，显得可敬，却不大真实；一个曾经受伤的医治者，不仅真实，而且可亲。"敬"里有距离，"亲"里有关系。在直面心理学看来，方法虽然重要，但关系更为重要。方法的效果，总是在关系的条件下发生。医治的心是联络的心，因为有了联络，伤害自然愈合。这种联络从医治者的心中弥漫而来，把医治者和求助者共同带到一种温暖的氛围里，那里不仅有语言的交流，也不仅有非语言的交流，还有一种潜在的影响力在发生作用，可以称之为神秘而神圣的互动。关系不仅在现实里，更在内心里。当医治者内心里有安详和善意，这安详与善意就从"我"涌向"你"，在那里化解冲突，形成默契。

医治的心，曾经受伤，以后随时还会受伤，却降低了伤害。因为是人，所以会受伤。当医治者接受自己是一个人时，他就不仅能承担受伤，还会从受伤里发现医治的意义。纪伯伦曾说过一句话：一个伟大的人有两颗心，一颗心在爱，一颗心在流血。医治的背后，有一个深层的动力，就是这样。他在爱的同时，也做好准备去受伤和流血。这时，他就成了一个真正的医治者。

有一位治疗师，接待了一个多次退学的高中生。求助者来自一个破碎的家庭，有极端的情绪问题和严重的关系困难。第一次面对这位求助者的时候，治疗师看到她生命内部的破碎，内心动了怜惜之情，也知道接下来的治疗将是艰难的。经过将近两年的治疗，当事人身上开始发展出一种整合的能力，她开始找到自己的方向，并为之付出努力，最终考上了大学。然后，她就到另一个城市去读书了。治疗师有些担心，因为他知道，在当事人的生命里，还有未愈的深伤。接下来的两年里，当事人在大学经历了一场情感的伤害，这进而又刺激了她内部的伤痛，导致她陷入混乱的情绪，最后放弃学业，去追逐生活中的一个幻影。幻影破灭之后，她重新跌落到现实中，没有出路，感到无助，把生活变成了一场慌乱而无效的挣扎。接下来，她到另一个城市，不知道在那里又有怎样的经历，她的生命又遭遇到新的伤害。

两年之后，她来见治疗师的时候，治疗师发现，她对世界充满怀疑和怨恨，这种怀疑和怨恨也延伸到治疗师身上——说治疗师在几年前为她提供免费治疗一定是别有所图（按她自己的解释，是在拿她做实验），并要求治疗师为她的生活负责。治疗师因而受伤，这伤害甚至对他的助人信念产生挑战，以至于他对求助者产生了一种决绝的情绪。然而，与此同时，他内心里也在经历一个从受伤到医治的过程，他的内心开始由坚硬变得柔软，但不是软弱，而是柔韧，这是一个治疗师在变成医治者的内在转化。在这种转化里，治疗师因自己的伤痛而更深地进入对方的伤，看到谩骂和攻击是从伤害中而来，发生了损害性的移情，并且弥漫而来，遮蔽了她的认知、情绪和行为。这时，治疗师开始用怜惜的眼光看她，看到的不再是一个可恶的人，而是一个可怜的人，不只是一个受伤的个体，而是整个受伤的人类。当事人的反应，是人性在受伤之后的反应。因此，她是一个值得怜惜和帮助的对象，而不是一个应该拒绝和排斥的对象。

这，便是医治的心。

咨询师眼中的"人"

心理咨询是人与人的相遇，生命与生命的相遇。怎样看人，是心理咨询的一个根本问题。一个咨询师对人的看法，直接影响他对求助者的态度，因而影响他跟求助者建立的关系，也进而影响他的咨询或治疗效果……

咨询师眼中的求助者

韩国专门心理治疗院的院长沈相权博士在一次演讲中说道，如果一个人想成为治疗师，他需要去寻找三个"人"。他要寻找的第一个"人"是心理学教授，可以跟他学习各家各派的理论方法。他要寻找的第二个"人"是督导师，可以从他那里得到具体的督导，如何把理论方法用于具体的实践。他要寻找的第三个"人"是治疗师，也就是说，要成为一个治疗师，他自己首先需要接受心理治疗。在我看来，他寻找的这三个"人"所教他的一切，都是为了让他更好地跟一个"人"相遇——这个"人"就是他的求助者。

心理咨询是人与人的相遇，生命与生命的相遇。怎样看人，是心理咨询的一个根本问题。一个咨询师或治疗师对人的看法，直接影响他对求助者的态度，以及他跟求助者建立的关系，也进而影响他的咨询或治疗效果。在我们的训练课程中，有一个很重要的部分，就是探讨咨询师对人的看法，具体来说，就是在咨询师眼中，求助者是怎样的人？

以下是接受直面心理学培训的学员提出的一些看法：

1. 他们是值得尊重和信任的人。在咨询师看来，对求助者的尊重与信任，是心理咨询的基础，这种态度本身就有医治的力量。因为有了好的态度，才会建立好的关系，才会产生医治的效果。因此，心理咨询可以说是态度的医治，也可以说是关系的医治。

2. 他们是暂时有问题没有解开的人。在咨询师看来，暂时遇到问题而没有解开，本来是人的常态，而不是"异常"或"变态"。没有一个人是完美的，但每一个人都是独特的；这独特也包括，一个人在某一个方面可能比较弱，但在另一个方面可能比较强，只是他们暂时看不到这一点，反而会苛求自己完美，求之不得，就转而贬损自己，觉得自己无能。但是，当他们意识到人不是完美的，问题是人生的一部分时，再回头来重新看自己和自己的问题，他们就会发现，问题有一半解开了，另一半接受了。

3. 他们是看不清自己的人。在咨询师看来，心理咨询中非常重要的部分是促成当事人获得觉察，包括他的自我觉察。一个人看不清自己，是因为生活中有各样的遮蔽，有时候遮蔽太深，就形成了心理的困难。心理障碍本身就是一种遮蔽，而心理咨询的任务，可以说是帮助求助者移开遮蔽，让他获得真正的觉察。

4. 他们是缺乏爱的能力的人。在咨询师看来，一个人在成长过程中，可能因为没有得到恰当的爱，甚至在关系中遭到各样的伤害，以至于他不知道如何去爱，也不敢接受爱。一个人前来寻求心理咨询，在他的问题背后可能有一种潜隐的期盼：想找到被爱的感觉。当他在这种新型的关系里经历了适当的爱，他可以在生活中慢慢发展出爱的能力，能够爱，也能够接受爱。

5. 他们是迷途中的英雄。在咨询师看来，每个人生来都是一个英雄，这就是他独特的自己。在马斯洛、罗杰斯等看来，人的内部有机体的智慧。但是，在人生旅途中有各种迷津，成长环境中有各样的伤害，这些经验可能让一个人变得不敢确认自己，给自己加上层层防御，这时他就迷失了，躲藏起来了。从这种意义上来说，心理咨询就是呼唤英雄从迷失的地方归来，从躲藏的地方走出来直面自己和生活，如同米开朗琪罗敲击石头呼唤大卫，如同鲁迅敲打铁屋子呼唤在里面沉睡的人们。

6. 他们是过于敏感的人。在咨询师看来，敏感让一个人对人、对己、对事物、对环境有更加细微的觉察与体验，包括生活的阴影与光亮、内心的痛苦与快乐、生命的阻碍与资源。敏感可能滋生神经症，也可能激发创造力，关键在于，一个人怎样看待他的敏感，怎样使用他的敏感。神经症的方式是：一个人只去关注并且反复体验阴影、痛苦、阻碍，把自己所有的精力用于避开它们，消除它们，因为达不到这个目的，他反而让自己陷入神经症。创造性的方式是：一个人尽情享用光亮、快乐和资源，同时接受阴影、痛苦和阻碍，并且允许它们二者同时存在，彼此激荡，相辅相成，产生更大的生命动力，他便充分使用这种动力，创造自己的生活。

7. 他们是勇敢的人。在咨询师看来，求助者前来寻求咨询，这本身就是一种勇敢的行为。这表明，有一群这样的人，为了成为更好的自己，为了过更好的生活，在进行 场冒险。在冒险的旅程中，他们可能接通生命成长的有效资源，让自己在经历受苦之后，最终成为胜利者。

8. 他们是人际关系出现困难的人。在咨询师看来，许多类型的心理困难总表现为人际关系的困难。考察心理困难的根源，我们总会发现关系的伤害。当事人曾经在关系中受伤，以至于不知道如何跟人建立适宜的关系，反而发展出损害性的关系，给自己造成进一步的挫伤。我们称心理咨询是一种关系的医治，也是说，这是一种在咨询师与求助者之间建立起来的成长性关系，目的是帮助当事人发展出建立良好关系的能力。

9. 他们是有自我意识的人。在咨询师看来，自我意识是成长的基础。求助者是有自我意识的人，只是他的自我意识显得过于狭窄。他意识到自己有问题，因此前来求助，但他忽视了自身的力量和生活的资源，因此需要帮助。心理咨询作为一种助人方式，很重要的一个工作，就是帮助来访者发现自身的力量及其生活的资源，并且与之接通。

10. 他们是陷入患者角色而不能自拔的人。在咨询师看来，人类从一开初就开始观察、探索和了解自己。因此，在各种文化里，都储存着许多对心理活动的宝贵的观察和发现。人们又对这些观察与发现进行总结，渐渐发展成为系统化的描述,包括把心理异常行为辑录成集,如《精神疾病诊断与统计手册》(DSM)。但是,这里也同时出现了一种负面的情况:过度的诊断倾向,表现为用"病"的眼光看人,用固定化的病理词汇来套人的行为,忽略了生命的整体性,只从单一的层面上看人,把生命看作"病的载体",以至于"只见病,不见人"。这种标签化的诊断模式,会让当事人陷入"患者角色"而不能自拔。真正的心理治疗是成长性的。成长性的治疗,相信人具有成长的渴望与力量,并且帮助他们去发现、确认、充分使用生命的潜能,突破"病"的阻碍,坚持成长,成为自己。

还有更多的讨论,这里不再一一详述。

不同心理治疗学派的观点

任何一家心理治疗学派都无法回避对人的基本看法,相反,正是基于对人的基本看法,各家各派都对心理问题的根源有自己的理解,并且各自提出具体治疗策略。

精神分析治疗学派认为,人受潜意识的操纵,很难对自己的行为动机有真正的觉察。因此,人的生活不是自主选择的结果,而是受到一种很深的盲力的驱动,这是症状的根源。在精神分析看来,治疗就是通过精神分析师的分析,让"病人"了解自己的潜意识动机,从而达到消除症状的目的。精神分析具有原创的意义，包括对潜意识的开创性的假设，以及在治疗经验中累积起来的对人的心理活动的洞察，为心理治疗的发展奠定了一个基础。

　　行为主义治疗体系是从实验室里发展出来的，行为主义治疗师从动物实验的角度观察和推论人性，认为人跟动物一样受制于环境，环境因素的刺激导致相应的行为反应。所谓症状，就是人受到负面环境条件的刺激，从而习得了某种不良行为。因此，行为主义治疗就是重新建立刺激条件（人为的），以期在"病人"身上塑造新的行为反应模式。行为主义治疗发展出许多有利于人的行为改变的方法。但是，精神分析和行为主义受到人本主义心理学家的批评，如马斯洛说，在精神分析治疗师的眼中，人都是"病态的人"；在行为主义治疗师的眼中，人不过是"大一些的白鼠"，或受制于潜意识，或受制于环境。他们用一大堆"病态"的词汇描绘人，却看不到人身上那些积极、伟大的精神品质。

　　在人本主义治疗师的眼中，人是良善的、积极的、理性的、负责任的、有合作精神的、有选择能力的。如在马斯洛和罗杰斯看来，人类与生俱来就有一种最基本的统御生命活动的内在驱动力，称为"实现趋向"，只要有生长发育的适宜条件，一个人就会获得成长，不断实现自己的潜能。心理问题的根源是，社会文化环境中的不良因素阻碍了人的实现趋向，例如，不良的社会评价可能会扭曲一个人的自我概念，使他在适应环境方面产生困难。而人本主义治疗，可以用当事人中心疗法来概括，即用无条件积极关注、真诚、同理、接纳等态度来创造一个良好的环境，让当事人在其中自由表现自己，渐渐发现自己，确认自己，并且越来越敢于活出真实的自己。

存在主义心理学认为，人性有积极的方面，也有阴影，即人性有善有恶。在弗兰克尔眼中，人受到许多因素的影响，但并不被这些条件所决定，人有意志自由，有自由采取某种立场和选择某种态度的能力，治疗就是帮助当事人发现和发挥自身存在的价值与意义。在罗洛·梅、詹姆斯·布根塔尔看来，人可以创造自己的生活，而存在治疗强调跟当事人建立"在生命深处相遇"的关系，促成当事人做出自我反思，获得自我觉察，充分体验自己的生活，获得存在的勇气，做出选择，承担责任，发现生命的意义，创造自己的存在和本质。

认知行为治疗学派，包括理性—情绪疗法，认为人性既有理性思考的潜能，也有扭曲思考的可能，情绪困扰源自人的不合理思考，而心理治疗就是帮助当事人建立理性思考的习惯，使他过上理性的、快乐的生活。

现实疗法认为人有基本心理需求，如爱与被爱的需求、价值感的需求等，人的行为是为了满足自己的心理需求，当人使用了不适当的满足需求方式，便导致了心理困难，而心理咨询就是教会人们用负责任的方式来满足自己的心理需求。

还有许多其他类型的心理治疗派别，都有各自的观点。

直面治疗师眼中的求助者

时至今日，专业化的心理咨询正在中国文化背景里广泛发生和发展，渐渐开始有心理咨询师或治疗师结合自己的经验，吸收本民族文化的资源，包括其中对人的基本观察与观念，发展出本土化的心理治疗理论方法。例如，直面心理学方法里反映了我们对人的基本看法，而这种看法，既来自我在中国文化背景中从事心理咨询的经验，也来自我们自身文化的启发，如鲁迅思想的启发。我们对人的看法是：逃避与直面是人性里的基本倾向，心理困难的根源是人过度选择了逃避，而生命成长的条件是人敢于选择直面。直面治疗的目标，就是鲁迅所追求的"立人"，即让一个人通过直面的路，活出自己，活出"人"的价值与尊严。

在直面治疗师的眼中，求助者是这样的"人"。

直面治疗师相信，一个人本来有价值，却看不到自己的价值，是因为他的价值感受到伤害，以至于他看不起自己。在我的咨询中，有求助者把自己描述为"一只臭虫""一堆垃圾""一只蛆"，这说明他们的内在价值感被严重损伤了。但直面治疗师尊重任何一位来访者的价值，帮助他去发现自己的价值，维护和提高他的价值感。我们认为，来访者的价值并不取决于他长得好看或不好看，有钱或没有钱，有怎样的社会地位，对社会做出怎样的贡献。从根本而言，来访者的价值取决于他是一个人这个事实，而且，他不只是一个生物的事实，还是一个精神存在的事实，这个事实背后还有我们无法看透的神秘甚至神圣的渊源。简言之，他作为人本身就是一个有价值、值得尊重和珍惜的存在。

直面治疗师相信，一个人是不完美的，但他是独特的。虽然他的独特性受到某些压制，没有能够真正体现出来，甚至他害怕表现自己的独特性，害怕流露真实的想法，出于防御，他总是戴着面具；或者出于安全的考虑，他十分在意别人的看法和态度，总是看别人的眼色行事，掩藏自己的独特之处，想把自己隐藏在大众之中，要像所有的人一样。当他试图这样做的时候，他给自己造成了内在的冲突，因为在他的内部，他无法抹杀那种成长的、成为自己的需求。他越是在现实中削弱自己，内心里的冲突就越剧烈。这时，当事人就在"病"中。所谓"病"，本质上就是一个人因活不出自己而陷入的冲突与挣扎的状态。直面治疗的目的，就是帮助一个人确认自己的独特性，接纳自己的独特性，活出一个尊贵的、不可取代的自我。

直面治疗师相信，生命的本质是成长，成长的目标是成为自己，但成长不易，成为自己更难。一个人在成长过程中，一方面会受到现实条件的阻碍；另一方面，他的内心在进行着一场旷日持久的战斗：是直面还是逃避？症状反映，现实的阻碍与内心的逃避造成了成长的停滞，甚至使一个人发展出一种"逃避成长"的生活风格。而直面的治疗，就是在当事人的环境里创造成长的条件，协助其增强直面的能力，从而穿越生活的各种艰难，在现有的条件下做出选择，坚持成长，一步一步实现自己。我们相信，人不被童年经验、生活变故、自身条件等因素注定，因此我们反对给当事人贴病理标签（虽然诊断是有必要的），因为"权威"的标签会把当事人的问题"固定"下来，甚至导致他的"注定感"，而这是成长的最大阻碍。症状是个体成长中的阻碍因素，可以被移去，被掀开，被取消，这时候成长就发生了，就实现了。

直面治疗师相信，人有成长、成为自己的渴望，就会对自己的行为负责。但在症状里，我们却看到，一个人意识不到自己的责任，在面对问题时总是采取逃避责任的态度和行为。但这不是人的本质，却是人违背了自己的本质的表现。成长才是人的本质。直面的治疗，就是让人意识到自己的本质，发展承担责任的能力，从而在生活的境遇中选择直面，而不是选择逃避。

直面治疗师相信，人性不是完全的黑暗与败坏，人性里有良知与良善。虽然一个人在成长过程中会遭受各种因素的损伤和破坏，以至于他的内心处于被遮蔽的状态，但是，只要有机会，良知与良善总会露出掩不住的光亮。直面的治疗，就是帮助当事人移开遮蔽物，让良知和良善的光露出来。

直面治疗师相信，症状是一种遮蔽，但人会坚持成长。求助者是这样的人：他们虽然受到遮蔽，却在为过真正的生活、为活出真正的自我而坚持探索和抗争。直面治疗的本质，是推动当事人穿越生活的艰难与精神的屏障，不再在虚幻的症状里挣扎，而是走到真实的生活中去，在那里投身于成长性的战斗。

直面治疗师所做的一切，皆是出于一颗医治的心。直面医治者了解人生的各种经验，看到成长中的各种伤害，知道伤害在怎样阻碍生命的成长，让一个人不能成为自己，也体谅一个人不能成为自己的痛苦。因此，只要发现一个空间，看到一点可能，直面的医治者就会在那里努力工作，让成长发生，帮助一个人长成自己，把症状的痛苦变成成长的欣愉。这时，直面的医治者的内心里就充满了安慰，就如同"那流泪出去撒种的，最终抱着禾捆欢喜归来"。

旅途的伴

我们聚在一起，通过彼此的
分享，可以展示各自独特的经验，
丰富心理治疗的资源。

好雨知时节

参加塞琳的舞动治疗工作坊，内心里涌现许多感受，但想去写一篇感受性文字时，却发现很难……

中国文化里有丰富的医治资源，其中既有态度，又有方法，二者浑然天成，相得益彰。

我想到这些诗句：好雨知时节，当春乃发生，随风潜入夜，润物细无声。

在我读来，这些诗句里有丰富的意象，甚至反映了现代心理治疗的精髓。

2010 年 4 月在南京，我参加了艾琳·塞琳（Ilene Serlin）的舞动治疗工作坊，内心里涌现出许多感受，但想去写一篇感受性义字时，却发现很难。其难在于，那种感受不能诉诸于明确的语言。结果，我选择用上面这首诗来传达其中的意味。

在整个舞动治疗过程中，我感受到一种影响力在四周发生，从各个地方涌现并且渗透进来。这里没有明确而具体的方法，但显然有法可依，却又无形无体，融会于其中。我看到一个个人，分明是个体，却在关系里融合了，成了团体。我们用各自的动作，形成了互动，组成了流动。塞琳是团体的带领者，她发出第一个动作，让自己变成关系的第一个环节。但接着，我们就找不到她了，她在我们中间，跟我们连接了，成了我们每一个人。她的眼神，无声无息，无言无语，但却渗入、包容、感通，每一个人都能感受到，其中有关怀、了解、理解。在舞动之中，有一些东西在暗自生长，有一些影响在悄然发生，我感受到了，并且惊讶于它发出的暗示力，想表达出来，却无从表达，得意而忘言。

后来到北京，到上海，遇到参加舞动的人，谈起来，大家都有共同的感受，并且惊讶：这一切是怎么发生的？

我便想到《春夜喜雨》里的诗句。

那场舞动恰在我的身心最有需要的时候发生了，但在这场舞动发生的时候，我还不知道我需要它，也不知道它将对我意味着什么。我只是决定参加。当我参加舞动的时候，我开始也不知道，因此，我在舞动的边缘。当我慢慢被带入的时候，我经历到了，我感受到了，但我还是没有真正清晰地知道，但后来我终于知道，我需要它，它知道我的需要，应我内心的"时节"而来。它自然地来，这自然叫"随风"，这到来叫"潜入"。这"夜"是我当时的心境，因为模糊，所以叫夜；在这夜里，有累积的压力，有无奈的情绪，有身体的疲惫，有潜抑的伤害，有听不见的叹息，有无法申诉的愤懑……它们聚集在那里，显得模糊一片，但我不能具体说明，因为它们无可名状。但这时，"好雨"来了，我的需求在深沉的夜里苏醒了。我敞开自己，接受它的到来，我仿佛听到我的心声：你是我的雨，为我而来，在我需要的时候而来。我敞开接纳它，让它滋润我。它细声细语，我不知不觉。它渗透了我，我身心酣畅。

在我舞动的时候，绳索抖落下来，在我脚的周围。我这才知道，原来我一直在各种的束缚里，但现在被释放了、自由了。我愿意舞动，在舞动之中，让身心解放自己，让潜抑在深夜里的情绪，通过一个出口，跑到外面来。因为身边有关系，四周有援手，那受了伤的情绪，就跑出来了，在做自由之舞，在经历转化，成了一个个音符，不再是一根根绳索，而是经历自由的组合，构成一曲交响乐。其中每个生命，都成了音乐的元素，独特而又混同，但我可以辨识它们，并且跟随它们飘升起来，升到高处，超越现实中各样的狭促、扭曲、纠结、破碎。

在舞动中，我发现了我们文化里许多医治的因子——象征、比喻、意象、姿态、风骨、诗歌、画、书法……都随着一场"好雨"而来，进入我的夜晚，走到夜的深处，在那里发生一种作用叫"润物细无声"，我也把它称为医治——不是怎样做到，而是谁在做，谁能做到。自然便是医治，最好的医治是自然的。医治如雨随风，来到我们中间，跟我们建立了关联，潜入了我们，滋润了我们，促进了我们，激发了我们。我们得到医治，经历成长，却不大知道。我们只是听凭医治与成长在当下发生，只是让自己那样随之而舞动，有自发的回应，有敏感的触接，有随物赋形的应变，有隐的意会，有深的联结，有自然而然的支持，有善的觉察，有成熟的坚持……就这样发生了！

这就是：好雨知时节，当春乃发生。随风潜入夜，润物细无声。

鱼，非鱼

在我们的文化里，还有许多"鱼"的意象，其中蕴含辅导的意蕴，可以用于辅导，可以带来生命的改变……

李潜善思，知境界之高低，能在人所不知处发现特别的资源，用于团体辅导。

回忆起来，他曾跟我分享一首古诗，叫"公无渡河"，据说是梁启超非常喜欢的一首诗，此诗中有辅导的意义。

2009 年在南京召开的存在主义心理学研讨会上，李潜做了一个报告，通过演示文档展示"鱼"的意象与辅导的体验。听众沉浸其间，颇有感触。来自美国的心理学家霍夫曼（Louis Hoffman）教授颇欣赏李潜评诗，其弟子中有一位叫贾森的，说在看"鱼"的展示时受到触动，几乎落下泪来。这时，霍夫曼和贾森就变成了"鱼"，知道"鱼"的感受。他们在濠上，却也能在水中。到了这里，东西方之间的文化阻隔就消失了，产生了一种感受的交融。

记得李潜在直面心理研究所从事心理咨询期间，跟我颇相得，但也有一度不知"我之难"。后来他办"蜕变心理咨询中心"，当知"我之难"，亦知"我之乐"。这时，李潜也成了一条"鱼"。这便是从"直面"到"蜕变"。存在主义心理学研讨会之后，我受李潜之邀到"蜕变"去做一个分享，也有了"鱼"的体验，能体验李潜之难，亦知李潜之乐。

李潜展示的第一条"鱼"，来自庄子与惠子的对话。他们一起来到濠水的桥上赏景，庄子见水中鱼，即体会到"鱼之乐"。惠子置疑："子非鱼，安知鱼之乐？"如果从辅导的角度来看，庄子讲的是"同理"或"共情"，说得神秘一点，庄子讲的也是荣格所说的"感通"（synchronicity），而惠子却无法进到庄子的体验中去，更不能进入"鱼"的体验。他在感受上"有隔"，因而不能"感通"。当庄子谈及"鱼之乐"，庄子与鱼的"间隔"便被取消了，这时，庄子就成了一条鱼，在水中游而乐，乐而游。因而庄子回答说："子非我，安知我不知鱼之乐？"这话意在启发惠子。

几千年之后，这句话也启发了我们这些咨询师。咨询师在"濠上"，却能感受求助者的"苦与乐"，这非常重要。最高的同理境界，就是变成对方，设身处地，感同身受，放下自己的经验，进入求助者的经验，就是庄子与鱼的关系状态。惠子却在辩驳，用的是干巴巴的理性逻辑，这理性如同漠然的规条，放在关系里就成了阻隔："我非子，固不知子矣；子固非鱼也，子之不知鱼之乐，全矣！"这里的"全矣"，显得很武断，意思是说："就是这么回事！"做咨询师，可不能持这种"就是这么回事"的态度，而要像庄子那样："我知之濠上也"。庄子可以成为"鱼"，惠子永远都是"人"；庄子可移情于他者，惠子则局限于自己。

第二条"鱼"，源自卞之琳的一首诗，叫《鱼化石》。仿佛记得，这是李潜情有独钟的一首诗。诗人的本意是讲爱情，讲鱼与石的关系，在水中的相依相伴，相慕相悦，要结成永远的姻缘，就是人们常说的海枯石烂。鱼与石在这种相处中终于找到了自己的方式：鱼变成石，石变成鱼。这里面也有"同理"或"共情"的意味，是"鱼化石"，亦是"石化鱼"。

第三条"鱼"，是蜕变团体辅导中的那个女孩，她想象自己是一条鱼，于是就真的变成了鱼，只见她伸开双手，如鳍，而游，在游动中，她体验到"鱼之乐"，游而乐，乐而游。这条鱼，继续在那里游动着，慢慢又变成了人，在行走中，只见她伸出双鳍，如手，遮面而泣，泣而走，走而泣。这时，她是鱼，是人，游出水中"鱼之乐"，触及人生"人之悲"。就是在这个时候，霍夫曼的学生贾森开始眼中噙泪。

这里表达的是中国式存在主义的体验。在我们的文化里，还有许多"鱼"的意象，其中蕴含辅导的意蕴，可以用于辅导，可以带来生命的改变。

然而，在关于"鱼"的报告结束之后，听说有人颇不以为然地评价说："我不知李潜在做些什么。"这话在我听来，显得何其"非鱼"。我猜想，如果李潜听到，该会回答说："子非我，安知我在做些什么？"

流动的治疗

一位年轻的治疗师前来求教于我，接受督导。他有很好的感受力、敏察力，接受过各种策略化、结构化心理治疗的训练。在咨询实践中，他的目的很明确，直奔主题，又善用各种方法，注重程序，讲究效率，但在效果上却常常发现自己"欲速则不达"，并为此颇为困惑。问题在哪里呢？

我发现，他在治疗中太过直接，太过用力，过于结构化，不够自然，不大变通，太少流动性。我鼓励他让治疗流动起来。

怎么流动？他一脸惶惑。

于是，我试图给他解释，什么是流动的治疗。

流动的治疗，听起来不可捉摸，做起来也似乎难以把握。这位接受督导的治疗师习惯于使用方法、策略。结构让他感到有所依托，程序让他觉得有所保障，因此，听到流动的治疗，他难免担心起来。对他来说，放下保护性的方法与结构去做治疗，那情形就如同战士不带武器上战场，旅行者不带地图到了一个人迹罕至的地方，内心好没把握呀。

我常常反思自己的治疗，尝试让自己脱离安全模式，尽量让每一场面谈流动起来。许多时候，结构化的治疗让我们感到没有什么问题，但问题恰恰就在这里。在治疗过程中，有更多的东西在程序之外、在保证之外、在结构之外、在没有标识的领域。如果治疗过于要求方法与结构的保障，可能失去自然的力量，使创造性的资源受到压抑，治疗的效果也会受到局限。效果是从关系里产生出来的，是在流动里产生出来的。过于讲究方法与结构，就如同过于用一套礼仪与人交往，只能让关系停留在表面，而流动的治疗，可以走到当事人的生命深处与之相遇和互动。

我们需要打破安全治疗模式，跟当事人一起流动，走到没有设防的生命深处，走到未经设计的自然状态，让一切流动起来，让好的资源涌现出来。我们会发现，流动的治疗里有冒险，也有创造；有探索的艰难，也有意外的发现；有焦虑，也有惊喜；有困厄，也有机遇；有沉默，也有默契；有留下的空间，也有从空间里产生的觉察。

流动的治疗，要求治疗师有医治的勇气，他敢于走出结构，把治疗变成一场冒险，用生命与生命相遇，不惮于走到对方的生命深处。

流动的治疗，要求治疗师有内在的确信，他确信自己是真诚的，因此不害怕犯错误，并且把每一个错误变成一次学习与成长的机会。

流动的治疗，要求治疗师有谦逊的态度，他接受自己是有限的，因此不会去伪装，反而让自己更加自然地跟另一个有限的人打交道。

流动的治疗，要求治疗师相信自己的经验，在经验里探索，发挥自身的创造力。这正如荣格所说："尽你所能去学习你的理论，但当你接触到人活的灵魂的奇迹时，就要把它放下。除了你自己有创造性的个人经验，没有任何理论可以决定一切。"

世界本是流动的，万事万物都在不断发生变化。在这流动与变化之中，人类进行各种结构化的努力，试图建立和保留一些固定的东西。例如，在形成学科之前，心理治疗本是不可名状的；它有自己的本质，却随物赋形，让自己流贯于各种文化形态（哲学、医学、宗教、文学、民俗）

之中，所到之处，潜移默化。到了后来，心理治疗形成一种专业，发展出各种疗法和流派，治疗者有了自己的专业身份。此后，心理治疗变得越来越结构化、程序化、策略化、标准化，过于强调诊断，甚至要求对效果提供量化证据等。但需要提醒的是，过于注重形式的心理治疗可能会失去它的本质：自由、变通、创造、生命的境界。治疗需要基本的方法与结构，但治疗的本质与最高境界，却是流动的治疗，它超脱了规范，可以随意流动；它融化了技巧，进入无技巧境界；它融会了一招一式，变成迷踪拳；它融化了一切形式，形成北冥神功；它不期而然，它无为而治。

生活有各种的设计，但人生不是一套由计划和目标构成的程序。生命的本质是流动，人生是经验的流动，以及对生命流动的体验。症状的本质是控制，是试图掌控一切，让一切固定下来。在症状里，人固执于片断的经验，让成长停滞下来，生命不再流动。而治疗的本质，就是协助当事人解除控制，打开固执，让生命重新流动起来。

通过考察症状的根源，我们发现，在当今社会有各种不安全因素在强化人们的焦虑感。人们害怕流动，害怕变化，拼命追逐某种东西，以为它是稳固的，以为实现某个目标或拥有某种条件，就可以获得永久的保障。学校教育变得越来越程序化、标准化、绝对化，为了某些固定的目标而阻碍孩子生命的自然流动；家长把自己的经验变成一套僵化的观念，用来限制孩子自我成长的经验。人们这样做，根本的动因是不安全感。他们试图控制一切，固定一切，不允许流动与变化。因为在他们看来，流动等于不可把握，变化等于不可预测，这些都是危险的。症状就是在这样的环境因素里产生出来的。当一个人陷入症状，他的基本表现是：要求一种绝对的固定，完美的保障，永恒的标准，如果没有这些，他拒不接受，决不罢休。这时，他的生命失去了流动性，被固定在某个事件里、某种观念里、某种感受里。这时，流动的治疗，可以帮助他让生命重新流动起来。

在流动的治疗里，治疗师通过同理，进入当事人的经验与感受，跟对方一起体验与反思，从而加深彼此的了解与理解，获得对创伤经验的觉察与整合，陪伴当事人对自身的存在做出根本的思考与深度的觉察，使他不再固守过去的某一个片断经验，而能够向更多新的经验开放，变得真实和自信，最终达到这样一种体验流动的生命状态：他愿意生命像流水，体验此时此刻正在进行的流动、变化，承认生命的意义存在于这流动过程之中，而非达到某一目标。

人生是一条经验的河流，成长的意思就是，一个人不断向新的经验敞开。与此相反，症状显示的情形是，人固执于自己的某个片断经验中，拒不接受新的经验，不能整合新的经验，生命不能流动与成长。例如，一种伤害在幼年发生，当事人把它储存下来，固定下来，从童年开始一直到成年，一直生活在幼年的经验里，内心里保留着许多幼童式的恐惧，总觉得环境里有许多威胁。有位来访者小时候觉得妈妈不够爱她，到了 21 岁，依然觉得妈妈的爱不够，不管妈妈怎么爱她，都觉得不够。这些年来，她一直跟妈妈闹。这时，她的成长进程就停滞了，她被固定在幼年的经验里，她的自我一直待在幼年时期，这个自我不再成长，一直在她的内部，反复申诉一个早已时过境迁的未获满足的需求。她说她最讨厌妈妈。我请她列举妈妈身上让她最讨厌的地方。她一一列举。结果却发现，她妈妈身上那些曾经损害过她的东西被她继承下来，固定下来，变成了她自己人格结构的组成部分。

我伴随她的经验，跟她一起回到她的幼年，在那个处境里找到她自己，让她重新体验过去的经验，尝试对那时候的经验做出新的阐释，从而获得觉察，把那个幼年的自己带回到成人的世界中来，随着生活的河流继续朝前流动。这流动包括，当事人在不断接触、理解、怀疑、分别、剔除旧的经验之时，也在不断整合正在向她涌来的新的经验。

经历这样流动的治疗，她可能会在一个小时里经历成长，看到她当下的自我：一个 21 岁的成人，在为 10 岁的伤害念念不忘，停止了成长的脚步。再继续朝远处看，她看到自己到了 30 岁，从那里回头看自己 10 岁时的伤害。我问："那时候，你会有怎样的感受？"治疗继续朝前流动，让当事人看到自己到了 80 岁，并且让那个 80 岁的自己对 10 岁的自己说话，问她："那时候，你会说些什么呢？"

当事人本来在一个固守的状态里，现在开始了流动。当她流动起来，她就在经历成长，让自己长大。这流动，可以从现在到过去，可以从现在到将来，可以从里到外，可以从外到里。有时候，当事人不愿意接受自己的有限性；有时候，当事人不愿意接受事情的结果。不管怎样，我们都可以将固定的东西放到流动里面，不断拓展她的视野，不断增进她对经验的觉察。

流动的治疗基于这样一个信念：任何事情都不是固定不变的，任何人都不是固定不变的。用固定的眼光看人看事物，不是治疗师的态度。

中国文化里充满流动的意象，最多的是关于水与河流。我们从事心理咨询，可以从中得到丰富而生动的启示，帮助我们从流动的角度看生命，从流动的角度看症状，从流动的角度看治疗。

在长期从事心理治疗的过程中，我感受最多的是，症状反映一个人的基本态度：他不接受流动，包括不接受自己的意识是流动的；他要掌握一切，包括掌控自己的意识、潜意识。他会为梦中的一个场景，为头脑里的一个念头而惊惧不安，拼命要把它们消除掉。之所以这样，是因为他内心里有过度的不安全感，由此产生了一种完美的强求：要求生活每时每刻都是快乐的，要求头脑每分每秒都是洁净的。

直面的治疗，也是流动的治疗，把当事人带入流动之中，接受人生的无常，接受生活并不完全在自己的掌控之下，接受经验，并且在经验里确认自己。方式有很多，谈话本身可以是一种流动，沙盘是流动，舞动治疗是流动，艺术是流动，甚至不管是怎样的治疗学派，到了最高的境界，都可以是一种流动。

在治疗过程中，我在当事人面前画了一条河流。

我说："这是我们头脑里正在流淌的一条河，可以称它为意识的河流。"

我解释说："这条河，我们不知道它的起始在哪里，也不知道它的终点在哪里，可能在我们出生之前，它就开始流淌了；可能在我们死去之后，它依然在流淌。在我们头脑里的这条河流，跟浩瀚无边、不可名状的人类集体潜意识联系在一起，我们头脑里这意识的河流分享着人类意识的汪洋大海。"

我在河流里画了许多符号，它们代表随时会出现的念头、思想、印象片断、梦境、意象、记忆、知识的片断、某一句温暖的话语、某一个伤害经验……

我说："每一天，这些都在我们内部那个意识的河流里流淌着，有些是我们经验里的，有些超出了我们的经验范围，我们不知道它们从哪里来，要到哪里去。"

我又说："在它们中间，有好的，有不好的。不管是好还是不好，都是自然的。"

我画上花朵表示好的，我用黑点表示不好的。

然后我问当事人："你能否接受它们（不管是好的，还是不好的）都可以在你的河流里出现和存在？"

当事人回答："我只让好的出现，不让不好的出现。"

我问（指着河流里一个黑点）："那你会怎样对待它？"

当事人说："我害怕它出现，一定要消除它。有时候，我以为它没有了，但后来它又出现了。我越来越担心它会出现，我时时盯着河面，看它会不会再出现。果然，它又出现了。我又去想各种办法消除它。但几年来，我消除不了它，它出现的次数反而越来越多了。我来寻求心理咨询，就是想找到一个办法消除它。它太可怕了，我必须消除它。"

这不是当事人的原话，但反映了许多来访者的基本情形。

我问："你觉得这场战斗是值得的吗？"

说着，我在河流的周围画了一大片土地，这代表当事人的生活。坐在这幅画前，我跟当事人讨论：在你投身于跟河流里那个黑点（负面念头）作战的时候，你的生活呢？当事人看到这样的场景：一些年来，他一直坐在意识河流的岸边，生怕某个不好的念头会出现。一旦出现，他就立刻投身于战斗，要消除这个念头。当他投身于阴暗念头的战斗时，他生活的土地变得荒废起来——他的生命资源在不断消耗，他需要做的事情被置于一旁，他的成长和发展全面停顿下来。他不知道，长期投身于消除黑点的战斗，这本身就是症状。战斗的结果是，症状成了当事人的生活。我问：这场为了消除黑点而放弃生活的战斗是值得的吗？

谈话继续流动，我们探讨的话题包括：

1. 可以让河流以它自己的方式流动吗？

2. 可以接受河流里有落英，也有鸟屎落下来吗？

3. 消除黑点是可能的吗？

4. 除了消除它，有没有更好的办法？比如说，它可以出现，可以存在，但我们不去管它？

5. 有没有这样的可能性：不去管它，让它随着河流朝

旅途的伴

前流动，渐行渐远呢？

　　这些具体的讨论，都涉及一个基本的态度：我们的生活是流动和变化的，没有完美，没有绝对的保障。当生活中发生一件不好的事情，当头脑里出现一个不好的念头，我们允许它的发生，接受它的存在，并且让它随着我们生活的河流开始流动，渐行渐远。我们允许它来，也放手让它去。

　　当事人说："做到这个不容易。"

　　我说："却是可行的。"

　　流动的治疗，有利于消解症状的防御。症状有一个本质，是防御，甚至，症状本身就是一个防御系统。当事人建立的这个堡垒，是一个暂时的躲避之所，是为了避开生活中的艰难。虽然他躲在症状里并不快乐，但他还没有做好准备自觉自愿地走回生活中去。在这个时候，如果治疗师直接奔着症状而去，可能刺激当事人，让他转而投身于防御，因为他有一种潜意识的担心：如果症状拆除了，他将无处藏身。因此，如果治疗师采用一套结构化的方法系统，大张旗鼓去攻击当事人的防御系统，就会把心理治疗变成一场进攻与防御的对抗战。治疗师用意识结构去攻击当事人的潜意识结构，会遭遇很大的阻抗。

　　治疗师采用流动的治疗，可以声东击西，可以围魏救赵，可以明修栈道，暗度陈仓，可以不战而屈人之兵，看似无为实则无所不为。这似乎也是策略，却是变通而流动的策略，它们贯彻在整个治疗过程的一切工作之中。基本上说，治疗的工作分为两个方面：一是建造，二是拆毁。何谓拆毁？就是拆毁当事人的症状，使他走出躲避之所。何谓建造？就是帮助当事人建造自己的能力，为他重返生活铺路。建造与拆毁，不是简单的事情，如何协调二者的关系，做得恰到好处，是心理治疗的关键。基本来说，需要把握的基本原则是：建造之前，不忙拆毁。可以建造先行，拆毁随后，也可以二者同时进行，互相配合。

最开始，来访者似乎是为解决症状而来，治疗师却不必太在意症状，更不要急于处理症状。症状有许多支持条件，治疗师可以跟着当事人在症状周围绕来绕去，了解症状是怎样形成的，构成症状的基本因素是什么，维持症状的基本条件是什么，症状背后的基本生活困难是什么，当事人建立症状的根本动机是什么，等等。与此同时，治疗师跟当事人一起从症状角色的角度观望生活，了解当事人在职业、社会关系、情感、家庭等各个方面，看到生活中的条件，看到自身的资源，让他了解症状与生活的关系，并且让他对自己有新的理解，对重返生活有信心上的预备、能力上的装备，等等。在这个过程中，治疗的流动性表现为，治疗师看似无意，实则有心，让建造与拆毁同时进行，随时进行，一边有心建立当事人的能力，一边随意拆掉症状的一根支柱，让生命建造一点点发生，让症状在一个过程中慢慢坍塌下来，使之成为一件自然的事，一件让当事人可以接受的事。因为，当症状坍塌了，当事人的能力有所恢复了，他在生活中已经发现有路可行了，并且不愿在症状里继续待下去了。

如同深水静流，流动的治疗可以触及人生的根本，包括为自己的存在找到一个意义的根据。

人生如河流，人在流动中存在，人在流动中体验自己的存在。

孔子对自己的存在有流动的体验，他的学生记载："子在川上曰：'逝者如斯夫，不舍昼夜！'"

这感慨联系着对人生本质的反思，以及对人生意义的询问。

欧文·亚隆讲过一个颇具存在意味的故事：

有一群傻子，他们每天的工作就是把一堆砖从一个地方搬到另一个地方，然后再从那个地方搬回到原处。不知从什么时候开始，他们就这样做；他们会一直这样做下去，不知做到什么时候为止。但是，有一天，正在他们反复搬砖的时候，有一个傻子说话了：为什么我们要这样做，把

215

砖搬过来又搬过去，难道我们是傻子吗？

故事讲到这里，亚隆问听故事的人：其他的傻子会怎样看待这个发问的傻子？他们会对他做些什么？这是让每个听到这个故事的人自己去回答的问题。

我想到鲁迅写的一篇文章，叫《狂人日记》，其中有一个狂人，他发现了一个关于"吃人"的事实，于是问大哥。大哥说：历来如此。狂人问："历来如此，便对么？"

在我看来，这是一句石破天惊的发问！既是对存在处境的发问，也是对中国人存在意义的询问！

存在是流动，但不是无意义的重复。症状是无意义的重复，流动的治疗，是深度的治疗，也是觉察的治疗，它穿越生活的表象，穿越生活的固定性和重复性，走到深处，走到根本之中，要问出存在的意义，问出创造性的生活。

人生本无常，无常即流动。人不接受无常，反而在对无常的抵抗中受伤，受伤的人更会感慨生之无常，视无常为不安全，想找到一种绝对的安全保障，他们以为金钱可以，以为名声可以，以为地位可以，以为一切靠自己才可以，以为有了靠山才可以，但在时间的长河里，人一次次发现，并且感慨系之：原来这一切都不可以。如果有绝对的话，无常是绝对的，流动是绝对的。在绝对的无常与流动中，人生可以获得相对的、暂时的稳定。人生的智慧，便是觉察这无常，但又不无奈，反而有激情去有所建造，让自我与生活不断更新。我们需要接受这个生活的悖论：生命既有所建构，又同时流动。施奈德在《过与不及：理解我们的矛盾本质》中有这样一段话："我们今天面临的最大挑战……是把信念与怀疑连接在一起。我这里所说的信念，是指出于实用的需求而发展出来的信仰、信任或核心概念；所谓怀疑，意思是对信仰持一种开放的态度，接受其随时都在发生的可变性、神秘莫测性和不可靠性。"

流动的治疗是境界的治疗。万事万物达到高的境界，成了流动的；人生达到最高境界，成了流动的；治疗达到最高境界，也成了流动的。我想到老子的话，"天下柔弱者莫如水，然上善若水"。这话可以用来说明流动治疗的境界；我想到庄子的《秋水篇》，它展现的就是流动治疗的上乘之境，在意象的流动之中，河伯的视野开阔了，觉察也随之提升。我想到，孔子的"从心所欲不逾矩"，这话本身可以用来对流动治疗做出最好的阐释。

孔子有一段自述："吾十有五而志于学，三十而立，四十而不惑，五十而知天命，六十而耳顺，七十而从心所欲，不逾矩。"这话是讲人生的发展阶段与生命境界，也可以借用来理解心理治疗师的自我成长与塑造过程。

"志于学"时期：代表治疗师的"学"技阶段。一个

旅途的伴

治疗师需要用心学习理论与方法，为从事心理治疗奠定一个专业技能的基础。

"而立"时期：治疗师不仅需要理论方法的训练，更需要具备一定的人生经验，这时他才开始有所立，可以开始心理咨询与治疗的生涯。

"不惑"时期：有一个普遍的说法，一个人需要在治疗实践之中磨砺十年，才能成为一个独立、成熟的治疗师。到了这个时期，他对自己、对人生、对症状都有了确定的理解，他开始确立自己，才可能帮助他人。

"知天命"时期：这时，治疗师的生命开始达到相当高的觉知境界，他经历了形式，进入了本质；融通了技巧，对存在有了根本的、整体的把握，他对治疗有了充分的自信，并且开始趋向于流动的状态。

"耳顺"时期：当治疗达到一个新的境界，可以叫自然。这时，治疗不仅对人生、世界有了领悟，还在治疗上达到了无阻隔的境界。他能够跟随来访者一起流动，不再证明什么，不去强求什么，能够因势利导，能够辨识天时、地利、人和，能够在暗中消解症状的控制力，能够化解来访者的阻抗。但当他做这一切的时候，能够不露声色，不着痕迹。他的生命平衡、协调、和谐。他的治疗自然而然地产生效果，当事人却不知不觉，或者知其然，却不知其所以然。当事人享受到这样的治疗，并且高兴自己发生了变化，他内心里就产生了"我行"的感觉，但治疗师不说：我行。他知道治疗的目标是为了树立对方，而不是自己。

"从心所欲，不逾矩"时期：到了这个阶段，治疗已经进入化境，这个时候，已经没有了治疗师与来访者之分，他们一起进入自由的流动，那感觉如同驾驶车辆产生的人车一体的感觉。在这种治疗的境界里，自我与他人相互感通，进入一种自由的境界，一种不被物累、不受念惑的境界。这时，治疗师不仅了解了本质，而且在本质里做自由之行。他了解规则，但超越规则；他享受自由，但不求绝对的自由；他无为，而无所不为；他流动，但不会散落。他知道自己要到哪里去，就自然到那里去。

回归敬畏

一些年来，美国存在—人本主义心理学家施奈德一直在心理治疗领域发出呼吁：回归敬畏。我未及探究他之所谓"回归敬畏"的真正意义，这里只是借用一下他提出的这个口号，表达我的一些理解和感慨，算是"借他人之酒杯，浇自己之块垒"……

"回归敬畏"的提出

有一个词叫"尊重"，我们说得太多，却很少做到，因为真正的尊重需要有一个基础：对生命的敬畏。敬畏出自对生命的神秘体验，愿意接受生命有其神圣的根源。如果我们只是把人当作一个生物的存在，跟动物一样，我们就很难尊重人，如同我们很难尊重动物。

马斯洛曾经是一个行为主义者，他的工作是观察和研究猴子的支配权与性行为等。在他的眼中，人跟猴子是一样的，因而可以从猴子的行为反应推导出人的行为反应。但是，当他的第一个孩子出生时，他的内心受到极深的震动，看着自己的孩子，他惊呆了，不由发出感叹：人何止是一个动物！生命不是那么简单！生命是神秘的，在生命的背后有深不可测的精神根源，生命值得敬畏。从此，马斯洛变成了一个人本主义者。他说："我敢说，凡是亲身养育过小孩的人，绝不会相信行为主义！"此后，马斯洛致力于创立人本主义心理学，并继而倡导超个人心理学，探索生命的神秘与神圣。

　　对自身异常行为的观察与矫治的尝试贯穿了整个人类发展的历史，其中有许多重要的发现和意义。到了近代，心理治疗发展成为专业体系。其中，描述人类心理异常的病理词汇系统也变得越来越庞大，以至于形成一种过于强调诊断的治疗模式。这种治疗模式从"病"的角度看人，用"病理"的眼光看人，把生命看作"病的载体"，如同"一辆装载许多问题的车"。这种"病理化"的诊断模式并不是从"人"身上卸载问题，反而给"人"贴上更多各种各样的病理标签，以至于形成"只见病，不见人"的情况。在这种治疗模式下，求助者会不自觉被套上一种"患者角色"，陷入"病的体验"，感受不到被尊重，也不能主动调动自身内在的力量，渐渐丧失改变的动机。久而久之，他会被动地接受药物治疗和家人的保护，越来越成为一个"病人"，越来越失去成长的意识和能力。这种治疗的目标，不是让人成为一个成长的人，而是成为一个在控制之下的人。这种治疗的目标，似乎是控制"病"，实际上控制了"人"。

2010 年 4 月，在南京召开的存在主义心理学国际会议上，施奈德做了关于"回归敬畏"的主题演讲，引起了许多中国听众的反思与回应。在施奈德看来，"生命不是一个有待解决的问题，而是一个要亲自去触摸和遭遇的奥秘"。这里面包含着一种对生命的尊重和敬畏。这让我想到马丁·布伯（Martin Buber）提出的"我—你"关系，便是这样一种基于敬畏的人与人的关系。在布伯看来，人与人的关系的本质是"相遇""爱"和"奥秘"。其中，"我"赋予"你"一种神圣的性质，从而加以敬重。与此相反，在"我—它"关系模式里，"我"用物质的眼光看待对方，把对方看成"它"，即一个可以"利用""征服""剥夺""控制"的对象。这种"我—它"关系缺失的是一个可以作为尊重基础的精神层面：对生命的敬畏。

在当今社会，我们特别需要听到这样的声音——回归敬畏。如果从根本之处来反思现代社会和文化，会发现我们正在丧失一种精神品质，那就是敬畏感。几十年来，我们对自然，对他人，对自己都采用"利用""征服""剥夺""控制"的方式，其根由在于，我们对自然、对生命失去了起码的尊重和敬畏。心理咨询是生命与生命的相遇，如果咨询师失去对生命的敬畏，他不是在医治生命，而是在伤害生命。因此之故，我们需要提倡"回归敬畏"。

中国文化中的敬畏

心理咨询跟文化的关系密切，心理咨询师需要对文化有深入的考察和了解，既能从中找到问题的根源，也能发现解决问题的资源。谈到敬畏，我们无法回避灵性或精神性（spirituality）这个问题。人具有灵性或精神性，这种灵性或精神性既存在于人的内心，成为一种渴望或潜能，也散轶于文化的源流之中。它会选择用宗教的形式表达，也会通过各种不同的文化途径表现自己。不管采用怎样的表现方式，灵性都包含一个基本的内核，就是对生命的神秘体验与敬畏。

在我们的文化渊源里，有着丰富的对生命的神秘体验与敬畏，有一种观点认为这种灵性是中华民族道德建立和人格造就的精神基础，也是宗教赖以生存和发展的内在根源。灵性有其原理，可谓天理。灵性存在于良心之中，可称天良。这里的"天"，是善的源头，人们对它保持一种神秘感和敬畏感。当人通过道德的途径来表现它或实践它，称为敬天畏命。当人的言行与之相违相悖，以致给生命造成损害，便是伤天害理。《诗经·周颂》中《敬之》一篇有诗句云"敬之敬之！天维显思"，反映的便是人对"天"的敬畏之情。孔子曾说"君子有三畏：畏天、畏君、畏圣人之言"，很明确地表达了这种"敬畏"，而"畏天"为其首。基于此，孔子还有"获罪于天，无所祷也"的慨叹。回顾几千年历史，中国社会历经了多少动荡与破坏，包括封建专制对人的压抑与伤害、连续不断的战争、残酷的宫廷政治，但在我们民族文化渊源的深处，一直有神圣的"敬畏"流传下来，滋润、医治、维系着这个苦难深重、伤痕累累、时而分崩离析的民族，也培育着我们的人格精神，每朝每代都有被鲁迅称为"民族的脊梁"的人格典范。

当人心失掉了对自然、生命和神秘存在的敬畏，人在现实中的行为就没有了原则，没有了边界，没有了依据，人也失掉了对自己真实的理解，觉得自己无所不能，什么都可以做。而且，当人陷入这种状态时，他也失掉了良心的敏感，不能自省。现在，许多家长不尊重孩子，过度强求孩子，威胁孩子，以致我们简直要这样形容："父母一声吼，孩子抖三抖"。然而，当孩子发展出情绪的和心理的障碍，开始出现极端的情绪和行为，如同自然遭受破坏用灾害的方式报复人类，这时父母一下子被打垮了，完全失掉了原则，变得一味退让和忍受，情况就成这样："孩子一声吼，父母抖三抖"。这种尊倨而后恭的态度，没有对生命的尊重，不是出于对生命的敬畏，而是一种"要么东风压倒西风，要么西风压倒东风"的关系模式。

我们讲生态，不再局限于生物与自然环境的关系，生态是系统的、多维的，还有文化的、心理的、精神的维度，它是一个需要人类有意识去创造，并且用尊重与敬畏来加以维护的关系网络。如果我们把人当作利用的工具，把自然当作征服的对象，我们就是在破坏和丧失这种关系生态。存在一人本主义心理治疗十分强调关系，强调建立起一种尊重、接纳、温暖的自然环境，强调在生命的深处与人相遇，强调创造一种自然的氛围，让当事人的自我在其中获得成长。如果我们不尊重自然，我们哪里知道什么是自然环境呢？当我们看着一个人，立刻想到的是如何利用他，如何把他变成产生效益的工具，变成我们销售产品的对象，那我们怎么知道什么是人呢？又怎样做到尊重人呢？看看我们现在的文化生态环境：人类成了各种势力争夺的对象，就像被猎取的动物，职工成了商人压榨的对象，孩子成了实现父母野心的工具，自然成了人类无度开发、满足其贪欲的资源。这时，我们赖以生存与发展的生态就不再是环环相依、生生不息的，反而成了唇亡齿寒、冤冤相报的。当我们破坏自然，自然就用灾难来报复我们。当父母强制孩子，教育压抑孩子，孩子就用心理症状来报复父母，进而报复社会。当人与人的关系成了彼此利用、互相倾轧时，社会就会滋生各种损人利己或损人也不利己的极端主义。

"问渠哪得清如许，为有源头活水来"，我们需要走到深处，回归文化系统中的敬畏，让精神的活水从源头涌来，浇灌我们这正在受到破坏、日益变得荒芜的生态环境。

西方人理解的敬畏

人生在世，有各种各样的追求：幸福、价值、物质、名声、权力、自我实现，这些被称作人生的意义。有人说，在这一切追求的背后有一个根本的动因：不安全感。对于不安全感，人们有不同的看法。有人认为，安全感只存在于自身，到自身之外去寻求不啻捕风捉影。有人说，在有限的人身上根本没有绝对的安全，人需要接受自己的有限，接受世界的不确定性，反而可以获得真实的安全感。但是，心理学家发现，人的问题恰恰在于，他不能接受自己的有限性，他要求完美，要求在世界上获得绝对的安全保障，这反而成了症状性焦虑的根源。问题并没有到此为止。有人又问：如果在人身上找不到绝对的安全，那么在人之上是否存在绝对的保障呢？这个探询打开了一扇可能性大门，让注定没有安全感的人类尝试去探索一个陌生的领域，这个领域与人的灵性存在某种神秘的关联。

在人生过程中，要克服恐惧，医治恐惧，理性是必需的，但也是有限的，你可以用最为科学的方式证明没有什么好怕的，但你经过墓地依然感到害怕。这是每个人都有的经验，在神经症者那里则被更加细微和过度地体验到。人们还需要求诸感性，是的，诗歌和艺术帮助我们消解了许多恐惧，但恐惧依然如低微的乐音或淡色的图像在人生的背景中时隐时现。于是有人开始继续探索灵性的学问。奥古斯丁说："恐惧不能被完全驱逐出去，它需要得到理性的引导。一个人只有从恐惧出发，才能达到智慧。只有从敬畏上帝起步，才会臻于爱。"[1] 威利蒙（William Willimon）把宗教比作一面悬于人前的镜子，为的是"让人看到，在一切的恐惧下面，有一个根本性的恐惧，就是我们不是上帝，或者说，我们并不完美，我们出于尘土，还将归于尘土"[2]。而人的根本问题在于：不接受自己的有限性，也否定神圣的可能性。

在弗洛伊德看来，宗教反映的是人逃避恐惧的愿望，

---

[1] John Charles Seiner, *Teaching of St. Augustine on Fear as a Religious Motive*, Baltimore: St. Mary's University, 1937, p.22.

[2] William H. Willimon, *Sighing for Eden*, Nashville: Abingdon Press, 1985, p.195.

因而可以说是恐惧创造了宗教。奥古斯丁认为，恐惧是上帝安置在人性里的一个内在动因，它让人寻求上帝。克尔凯郭尔把恐惧置放于心理学与神学的范畴加以观察，他看到人性存在一种特别的恐惧——"畏"（dread）。他说："畏是一种悖反性的力，它控制人，让人无法脱身且不愿脱身，因为人之所畏正是他之所求。"① 畏是罪的结果，但畏里又存在对拯救的冀盼，这冀盼即是"信心"。克尔凯郭尔说："我之所谓信心，正如黑格尔所做的一个恰当表述，乃是人以其内在确信力对无限做出期待，当一个人被'畏'充溢，他就诚实地看到了可能性，可能性就会打开他所有的局限性，使它们升华到无限的形态，直至得以因信仰预期而得胜。"② 在克尔凯郭尔看来，只有人才有畏，而动物只有怕（fear）。害怕是生物神经性的，而畏则属于人性，又与神圣相关联，它在人身上促成一场探索超验的冒险。

英国作家路易斯（C. S. Lewis）论及恐惧时说过这样一段话：

在一切发达的宗教身上，我们看到三条原理，而基督教则有四个原理。第一个原理，是奥托教授所说的神秘存

---

① Soren Kierkegaard, *The Concept of Dread*, Trans. Walter Lowrie, Princeton: Princeton University Press, 1944, p.xii.

② Soren Kierkegaard, *The Concept of Dread*, Trans. Walter Lowrie, Princeton: Princeton University Press, 1944, pp.140-141.

在。对此感到陌生的人可以通过以下假设的程式去理解。譬如你被告知在隔壁房间有一只老虎，这时你会意识到危险，可能感到害怕。但是，如果有人告诉你，"隔壁房间有一个鬼"，而你相信这是真的，这时你的情绪体验也是害怕，却是一种不同类型的害怕。这种害怕不是基于你意识到危险，因为，基本上说，人不是害怕鬼会对他怎么样，他害怕的是这样一个事实：有鬼。与其说鬼是危险的，不如说它是离奇的，它激发的是一种特别的惧怕，叫畏。当人体验到了这种离奇感，他开始对超验有了一点感觉。那么，再做一个假设，进而有人告诉你"在那个屋子里有一个巨灵"，而你相信这是真的，这时你的感受就不再只是对某种危险的惧怕，却是被深深地撼动了，你会惊愕而且怯惧——面对这个灵体，你不知如何应对，你内心里产生一种想要俯伏在它面前的情感——这种情感大概可以用莎士比亚的一句话来表达："在它面前，纵令天才亦因才涩而汗颜。"这种情感可以被描述为敬畏（awe），而激发了这种情感的对象即是神秘存在（the Numinous）……①

宗教表达的就是人类对神秘存在的体验或情感，我们可以称这为灵性。在人类历史中，灵性还借神话、文学、

---

① C. S. Lewis, *The Problem of Pain*. New York: The MacMillan Company, 1944, pp.4–5.

艺术等各种形式表现自己。用蒂利希（Paul Tillich）的比喻来说，有史以来，居无定所的宗教一直在寻找自己的家园，直到最后它才发现，原来它可以四海为家，因为它的本质（即灵性）流贯于人类文化与精神之中，而它的内容"包罗万象"（马克思语）。本质地说，宗教居住于人类精神生活的深处，这个深邃的精神之所以被奥托（Rudolf Otto）称作"神秘存在"，被蒂利希称为"终极关怀"，被施莱尔马赫（Friedrich Schleiermacher）称作"绝对依赖的情感"或者"灵魂的思乡病"。蒂利希这样说："生存劳碌的烟尘与喧嚣淹没了人的精神生活，而宗教则带人进入精神的深处，让人去体验神秘存在——它不可触及，令人生畏，具有终极意义，是浩然之勇气的源头。这就是我们说的宗教。"[①] 宗教的性质或因素存在于文化之中，并赋予文化以更深远的意义或价值，因而，艾略特（T. S. Eliot）把文化看作是精神的宗教表现自己的总体形式。他说："我的第一个重要的断言是，没有任何一种文化的产生和发展不伴随着某种宗教的产生和发展。"[②]

---

① Paul Tillich, *Theology of Culture*, ed. Robert. C. Kimball. London: Oxford University Press, 1959, p.9.

② T.S. 艾略特，杨民生、陈常锦译，《基督教与文化》，四川人民出版社，1989年，第99页。

我们从以下的描述可以看到，宗教是以文化的形式出现，而它的本质精神，以及人们对这种本质精神的敬畏，皆流贯其中。康德说："有两种东西给人心灌注了时时翻新、有加无已的赞叹和敬畏，这就是头上的星空和内心的道德法则。"他又说："我们内心的法则必须是神圣的，法则的判决必须是公正的，这意味着法则的惩戒必须准确无误地落实到人们的行为中……我们内心的判断是公正的……只要我们愿意听从而不是压制它的声音。"① 弗兰克尔认为，人活着的最深动机是追求存在的意义。在他看来，认识意义的一条途径是"把终极意义看作一个超级传送器，一个处于宇宙中心的、时时刻刻向各处传送意义信号的 logos……我们每个人的良心中都有一个小小的、不太稳定的原始接收器，我们试着调准频道，用它接收信息。"② 这个比喻，让我想到中国神学家丁光训所做的一个比喻：与"上帝"对表。"对表"不只是看我们的时间与"上帝"的时间是否一致，而是跟上帝保持一种准确的互动，看看我们接受的信息与"上帝"所传达的信息是否一致。人的良心会犯错误，具有不确定性，但是，犯错误的良心可以通过"与'上帝'对表"来加以修正，再度确认。在弗兰

① Immanuel Kant, *Lectures on Ethics*, New York: Harper & Row, 1963, p.67.
② 弗兰克尔，何忠强、杨凤池译，《追寻生命的意义》，新华出版社，2003年，第92页。

克尔看来，如果人抑制自己的良心，会造成比犯错误的良心更大的危害。他举希特勒为例："我敢肯定，如果希特勒不是压制了内在的良心的声音，他绝不会发展到后来的那种地步。"[1] 当一个人抑制自己的良心，他就跟良心的神圣本源断绝了关系，听不到"上帝"透过良心传达的声音。这类似中国人所说的泯灭良知。每一个人都有良心，每一个人的良心都具有不确定性，而希特勒却把良心的不确定性换成了确定性的专制主义，由此产生的行为给人类造成了重大危害。

当人心有所敬畏，世界才会安全而和谐；良心无所敬畏，世界就变得无序而可怕，人类就会被抛入更深的不安全感和不确定感之中，陷入巨大的虚空之中。继而，为了填补这个巨大的虚空，人类采用各种极端的、疯狂的方式。在西方历史上发生的殖民运动，不管他们从各世界掳掠了多少财富，依然是欲壑难填。当极端的理性发展起来，情感与精神正在失落，科学越来越走向极致，人的价值感越来越低。两次世界大战，加深了人类的不安全感和无意义感。当今世界，物质主义正在蔓延，到了泛滥成灾的地步，人的欲望越来越膨胀，人的空虚感也越来越大。当人的内

---

[1] Viktor E. Frankl, *The will to Meaning: Foundations and Applications of Logotherapy*, New York:Touchstone Books, 1978, p.66.

心没有了敬畏，没有了良心，没有了对自己的反省，没有了对自身存在的觉察，我们就进入了一个对生命没有敬畏只有剥夺的时代。

在这样一个时代，直面的医治开始了。直面的治疗就从敬畏生命开始。

治疗师的文化敏感 ①

 如果不谈中国文化，我们能谈心理治疗吗？如果没有了西方心理学，中国心理学还剩下什么？我们能否整理与使用本民族的文化资源，建立中国的心理学？

 我们每个人都听过一个来自印度的故事，叫盲人摸象。说在印度的一个村庄住着六个盲人。一天，他们听说有人要赶一头大象从这里经过，就坐在路边的一棵大树下等待，想知道大象是什么样子。当然，他们是盲人，不能用眼睛看，但可以用手摸一摸呀。当赶象人过来的时候，他们就要求他停下来，让他们摸一摸大象。第一个盲人摸到大象的肚

---

① 本文是作者在 2008 年韩国首尔召开的首尔、中国香港、南京三地文化与心理治疗研讨会上的发言，原文为英文，经翻译后录入本书，略有删改。

子，说大象是一堵墙。第二个盲人摸到大象的牙，说大象
是一支长矛。第三个盲人摸到大象的鼻子，说大象是一条
蛇。第四个盲人摸到大象的腿，说大象是一棵树。第五个
盲人摸到大象的耳朵，说大象是一把扇子。第六个盲人摸
到大象的尾巴，说大象是一根绳子。接下来，赶象人赶着
大象离开了，这六个盲人还坐在那里争论不休。

看了这个寓言，我觉得它意味深长。如果把这六个盲
人所说的东西集中在一起，那绝对不是一头大象，而是一
堆杂物。但是，如果把他们各自所摸到的部分组合起来呢？
那基本上就成了一头大象了。人们对这个寓言有很多解释，
但它的基本寓意是说，每个人都有局限性，从各自的角度
去看一件事物，只能看到部分，不能看到全部。

今天，我们来到首尔，在这里开一个会议，这情景就
像寓言中的盲人聚集在路边一棵大树下一样。我们从亚洲
的各个村庄来，要在这里"摸象"——这头大象叫心理治疗。

说得远一点，心理治疗在不同的文化渊源里早就存在；
说近一点，心理治疗也有一百多年的历史了。来自不同文
化的人，对心理治疗有不同的理解。但是，是不是我们要
像故事中的盲人一样争论不休，各执己见，说对方"真是
瞎得太厉害"呢？我们是治疗师，治疗师也有局限。但不
同的是，治疗师对自己的局限性有所觉察，不以真理自居，

并去倾听他人的看法，让每个人讲出自己所摸到的那一部分，然后一起把这些部分组合起来，以各自的独特构成一个"全象"。

我从中国来，这是亚洲的一个大村庄，但不见得这里来的"盲人"就比其他村庄的盲人瞎得轻一些。像各位一样，我也是来摸象的，并且要讲述我摸到的那一部分。

关于心理治疗，我想讲的话题是：一个中国治疗师的文化敏感。

在20世纪初，就有一批中国学人到西方去学习心理学，他们成为中国心理学领域的最早译介者和教育者。这些最早的开拓者从一开始就表达了建立中国心理学的意愿，并开始模仿西方心理学的模式，在中国建立实验室等，但对我们文化系统中的心理学思想还没有来得及进行探索。直到现在，中国心理学大体可以看作是西方心理学在中国。中国心理学教育与研究，基本上是照搬西方科学心理学的模式，对中国传统文化的心理学思想没有足够的重视。在心理咨询与治疗领域，我们需要学习和吸收西方心理治疗的理论方法，也需要对自己的民族文化资源进行探索。不然的话，我们就如王阳明所说："抛却自家无尽藏，沿门托钵效贫儿。"在最近一些年来，中国心理学领域的本土文化意识开始萌生。

作为心理治疗师，我们各自民族的文化因素塑造了我们，对这些文化因素，我们需要具有相当的敏感。在我们的治疗中，我们既能够洞察自己的文化弊端，又能够整合自己的文化资源，这形成了我们各自独特的治疗经验。现在，我们聚在一起，通过彼此的分享，可以展示各自独特的经验，可以丰富人类心理治疗的资源。

一个心理治疗师的文化敏感，包括他对形成自己的那些文化因素的敏感或觉察，他带着这些形成"我之为我"的文化进入治疗过程，进入与来访者的互动。这种互动，包括一个治疗师敏察来访者的文化，以及二者之间的文化在怎样互动，及其意味着什么。有一个普遍的说法，心理治疗师不是天生的，而是被造就出来的。造就一个治疗师的因素大体来自三个方面：（1）他接受的教育（正规的和非正规的，学校的和生活经验的）；（2）他接受的专业训练（包括心理学理论方法、专业实践，以及接受的督导）；（3）他的自我觉察（包括他对自我成长的觉察，以及通过接受心理治疗获得的觉察）。

下面几个方面，基本反映我自己的文化敏感。

1. 在这里，文化不是指一个人的教育程度，而是指所有对自己发生影响的生活因素。每个人都有自己的文化，都是在文化中成为自己。所谓成长，就是每一个人类个体用自己的基本生命条件（生物的、智能的、精神的）与环境因素发生互动，有意识和无意识地接受互动的影响。一个文化敏感的治疗师，能够了解自身的基本条件在怎样与环境因素发生互动，也了解当事人的基本条件在怎样与他的文化因素发生互动，并且了解，在咨询室里，双方的文化在怎样发生互动。

2. 一个人不仅有其自身的潜能或基本生命条件，他还属于家庭、村落、社区、城市、社会和民族，它们都有自己的文化，这些文化的深处，就是荣格所说的集体无意识。人类整体被划分为西方文化和东方文化，都显示出各自的语言、习俗、行为、价值系统等因素对人的影响。我们同属亚洲文化，拥有共同的东西，但也有不同。共同的东西让我们彼此理解，不同的东西并不等于分歧和冲突，而意味着多样化、丰富性。心理治疗中有一个词，叫同理，就是从不同走向共同。每一个人都是独特的，这种独特性在心理治疗中需要被充分意识到，并且得到充分的尊重，这就是同理，这就是治疗师的文化敏感。文化敏感还包括，求助者的问题是独特的，为之提供的治疗也需要是独特的。

3. 作为一个文化敏感的治疗师，我对个体的创伤有敏感的觉察，还对我们民族遭受的创伤有深切的意识，如长期的封建专制以及外敌入侵给中国人造成的伤害。在个体那里，创伤的经验可以沉潜在内部，在暗中产生破坏力。对于一个民族而言也是如此，那些创伤经验并不因时过境迁而消逝，它们存留在我们民族的集体无意识里，依然在通过一些方式影响着每一位个体，影响着这个群体。文化敏感的治疗师也是文化的疗伤者，我相信，每一种创伤都需要得到医治，成长在医治中发生。

4. 作为一个文化敏感的治疗师，我不断反思自己的文化经验，尝试去理解它们怎样影响我，怎样塑造我，形成了我生命中的哪些部分，这些部分又在怎样对我说话，怎样对周围的人和事做出反应。我一直以为，一个治疗师自我敏察的程度，就是他对当事人敏察的程度，这决定着他从事治疗的深度和效果。

5. 作为一个文化敏感的治疗师，我不断反思本民族的文化，探索其中的致病因素和医治资源。我从事治疗的经验告诉我，许多问题的背后有文化的因素和维持条件。这是事情的一面。事情的另一面是，我不断去探索和发现本民族文化系统里丰富的医治资源——它们储存于我们的哲学里、文学里、医学里、宗教里、民俗里、日常生活里，它们也被每一位活生生的来访者带到我的咨询室里来。一个敏感的治疗师，把文化的医治资源调制成让生命健康成长的药方。

6. 带着这种文化敏感，我让自己融入每一位求助者的个体文化里。当这种文化敏感让我知道自己是谁时，我就知道他们是谁；当这种文化敏感让我知道自己在哪里时，我就知道他们在哪里；当这种文化敏感让我把自己融进他们时，我就成了他们中间的任何一位。作为文化敏感的治疗师，我让自己全身心投入治疗，包括我的感觉（但不搅扰对方）、我的深情（但不带任何诱惑）、我的理解（但不是强加）、我的价值（但不是用来判断他人）。文化敏感的治疗是流动的，技术融会在生命自然的流露之中。

7. 作为文化敏感的治疗师，我有一个非常明确的自我意识：我永远都不会成为一个完美的治疗师，但我会把自己的每一个弱点和失误当作成长的空间或机会，让自己永远更好。

在专业的训练和实践之外，我回顾自己成为治疗师的生命之旅，这也是我的文化之旅。我出生在一个乡村，后来到了城市，再后来到了美国，而后回到中国。但乡村的文化经验存留在我的生命底层，时而会不自觉地进入我治疗师的角色里。在一些求助者的眼中，我是一个村落的长老。对于他们的这个看法或评价，我内心的文化反应是：欣然接受。我记忆中的乡村文化里，有许多充满智慧的长者，我的外婆、我的爷爷，还有长海爷、长绵爷、长江爷、老祖奶，他们给我讲了许多的故事，他们也成了我生命的故事，他们的故事里有成长和医治的因素，他们是那个村落里自然生长出来的民间治疗师，他们教会我用故事的方式跟人相遇、助人成长。许多年后，当我成为一个专业心理治疗师的时候，我实际上承传了他们的角色。

我的教育也塑造了我生命中的那个"治疗师"，教育给我提供了很丰富和多样的资源，包括文学、神学、心理学，以及由此延伸的对各个学科的兴趣。有许多老师，用他们的生命和思想塑造我内心的"治疗师"。

我的自我觉察还包括个人的精神成长，这成为我从事心理治疗的内在精神动力。对我来说，心理治疗不只是一种职业，不只是一种兴趣，而是源自内在的一种呼召，它的背后有从生命信仰而来的动力。

带着这种文化敏感，我在中国文化背景里坚持探索一条心理治疗的道路，这条路叫直面。这条路缘自我内心对生命的爱与怜惜，沿着这条路，我经历着个体与民族的伤痛与医治、恐惧与成长、逃避与直面、潜意识的幽暗与觉知的光明。特别是近年来，我遇到一起探索的同路人，他们是具有文化意识的心理学领域的实践者、教育者、研究者，通过不同的途径在探索和开发中国文化的心理学资源，有意建立中国心理学。可以预见，中国会产生优秀的心理

学家，按一位心理学者的描摹，在生命资质上，他们具有
"中魂西才"，既深谙中国文化精髓，又具有西方专业才智，
在文化态度上，他们志虑精纯，遵循孔子的"毋意，毋必，
毋固，毋我"，投身于对东西方文化与心理学资源的整合，
立足于中国文化处境，通过心理治疗实践与研究，建立中
国的本土心理学。

回归直面

当我们诚实地面对自己，会发现自己是有限的，当我们诚实地面对生活，会发现生活是艰难的。

直面之道

这是一种如此具有解放意义的领悟：过去是不可改变的，但可以重新解释它；自己不是完美的，但可以决定改变自己；与其生活在各种"假如"的条件里，不如问自己："在现有的条件下我可以做点什么？"最终，直面之道还是落实在行动上，我们在"做点什么"中经历着改变和成长……

有一种心理治疗方法正在中国文化土壤里生长出来，叫直面心理学。在南京直面心理咨询研究所，有一群人正在学习和实践这套助人的策略。之所以称之为直面之道，是因为它既是观念，又是态度，也是方法，还是一条可行的道路。直面心理学的背后有丰富的培育、启发与支持的源泉，有来自中国传统文化的启迪，如哲学、医学、文学、宗教、民俗中反映的古人对生命的观察、理解与医治的智慧；有来自中国现代文化的资源，特别是对鲁迅思想的感悟、承传与阐发；有西方心理治疗的成果，以及与之对话而产生的共鸣与启发；还有我在心理治疗实践中所做的经验总结与理论思考……因此，直面心理学就像一棵树，栽在溪水边，按时结果实，枝叶不枯干。

下面简略介绍一下直面心理学的几个基本概念，以后将有专门的书来详细介绍直面心理学的理论与方法。

恐惧与逃避

直面心理学的起点是考察人的恐惧。

恐惧是面临或预测到危险时的一种应激情绪，它是一种原始的、剧烈的情绪，当它变得过度时，其反应常常具有破坏性。恐惧会激发出三种基本反应：逃跑、隐藏、战斗（也有理论认为有两种反应模式：逃跑与战斗），其目的是求得生存机会。我把这称为"恐惧—逃避"机制。

在直面心理学的考察里，人有本能的恐惧、出生的恐惧、成长的恐惧，这些恐惧都会引发人的逃避行为。

首先是本能的恐惧。不管是人还是动物，机体内都存在着一种先天的或者说本能的恐惧。本能的恐惧是生命体内的先天设置，它具有避险求生的功能。据观察和研究发现，某一种动物先天就有对另一种动物的恐惧，这种本能的恐惧使它对其掠食者能够提前警觉，迅速识别，从而及时逃避，争取生存机会。例如，水鸟对鹰有本能的恐惧和天然的识别能力。格雷（Jeffrey A.Gray）的《恐惧与应激心理学》描述了一个实验：实验者用纸做成具有不同相似等级的鹰的形状，用绳子牵着它们从空中掠过水面，测试水鸟的应激反应。实验结果表明，纸鹰的形状越逼真，水鸟的恐惧反应越剧烈。

像动物因本能恐惧而对威胁者产生应激反应一样，人类在生活中也常常靠着本能的恐惧去避开危险，求得安全。这是"恐惧—逃避"机制合理的使用范畴。

其次是出生的恐惧。出生的恐惧是指生命降生的原初体验。生命孕育于母腹，条件成熟了，就有自然的力量推动它出来，进入一个新的环境。对于新生婴儿来说，这是一个陌生恐怖、充满各种不舒适的环境。因此，人类出生的初始感受与反应便是恐惧与逃避。母腹是人类记忆的原初舒适区，出生之前，胎儿完全依存于母体，跟母亲形成共生体，享受依赖、舒适的环境，它的需求总有及时的供应。但出生就意味着它要与母体分离，靠自身去努力适应，经历生存与成长，这不容易，它不愿意出生。虽不愿出生，又不得不出生，出生就成了它生命经验中的原初创伤，被弗洛伊德和兰克（Otto Rank）称为"出生创伤"。弗洛伊德说："对于个体来说，出生是恐惧经验的原型；我们的确倾向于这样看，成人经验的恐惧状态往往是对'出生创伤'的重新体验。"[①]伍德这样描述婴儿的出生过程与体验："我们对这个世界的最初体验很可能是充满恐惧的。我们被迫离开母亲的子宫（一个柔和、温暖、安宁、舒适的世界），进入到这个世界，它仿佛是一场满是光亮、噪声、寒冷、疼痛的噩梦。婴儿出生的时候，他害怕得身体紧缩，疼痛得面部扭曲，双眼紧闭。也许，我们与母体脱离之后的第一种情绪就是恐惧，第一个反应就是躲避。"[②]

第三是成长的恐惧。像动物一样，人有本能的恐惧，以及由这种恐惧引发的逃避；有从母腹出生，进入陌生环境的恐惧。但与动物不同的是对成长的恐惧，也可以说是与文化因素互动过程中产生的恐惧。自出生之日起，个体就开始了在文化环境中的成长过程。那种本能的恐惧和源自出生创伤的对陌生环境的恐惧，在婴幼儿的感知体验中依然相当活跃，使生命初期的成长像是一场谨慎再谨慎的冒险，每朝前迈出一步，都须在确保安全的情况下进行。

---

① S. Freud. *Inhibitions, Symptoms and Anxiety*. London: Hogarth Press, 1961, p.47.

② John T.Wood. *What Are You Afraid of?*. New Jersey: Prentice-Hall Inc., 1976, pp. 2–3.

马斯洛曾在谈到寻求安全与自我成长的关系时，描述了这样一个意象：一个幼儿从母亲的膝头溜下来，开始探索家里每一个房间，再去探索屋子周围的环境，而他的探险必须有一个安全保证：母亲在那里。"如果母亲突然间不见了，他就会陷入焦虑，对探索世界不再有兴趣，只求回到安全范围里，甚至他会丧失能力，不敢走着回来，而是爬着回来。"①

在人的成长过程中，文化的影响对他产生的作用越来越大。文化的影响会产生两种基本的可能性：好的可能性是，文化影响削减了他生命中的恐惧。例如，一个孩子从他的环境中得到更多的关爱，并且学会了适当的规则，他发展出一种直面的倾向，敢于通过尝试突破恐惧的阻碍，让自己更全面地去体验生活，更充分地把自身内在的资源释放出来，他因而获得了成长；坏的可能性是，一个孩子生命中的恐惧受到文化的强化。例如，他在成长过程中遭受过多的剥夺、抛弃、威吓、强迫等经验，这会在他的内心累积更多的恐惧，以至于他变得非常害怕失去爱，害怕被抛弃，害怕陌生，他的世界是不安全的，他常常有一个强烈的愿望，就是躲到一个安全的地方；如果这个地方不

---

① Abraham Maslow. *Toward a Psychology of Being.* New York: D. Van Nostrand Company, p.49.

存在，他会幻想一个安稳而有序的世界，让自己躲在里面，最好不要出来。虽然他像其他人一样度过了儿童时期，但这些恐惧并不随之而消失，却潜隐地伴随着他进入此后的人生阶段，并在暗中产生他不能自觉的影响。特别是当它们受到某种现实诱因的刺激，这种恐惧就会变成症状，对人的心理、人格、精神产生破坏作用。

马斯洛提出五大基本需要理论，在我看来，其中最根本的是安全需要，它包括寻求安全、稳定，免受恐吓和混乱的折磨，以及对体制、法律等的需要。安全需要也透露出人性的一个基本事实：不安全感是无法根本解决的。因为不安全感不仅来自本能，来自出生创伤，还来自文化，甚至来自人的存在这个基本事实——不安全感，就像孤独一样，是属于人的有限性的一部分。但是，在人生过程中，每个人都必须处理恐惧问题，而我们探讨的直面心理学，还要针对性地处理恐惧导致的症状，这就成了一个合理的悖论。

症状的根源：恐惧与逃避

从事心理治疗这些年来，跟许多人进行面谈，谈话范围广而深，涉及问题多而繁。但在许多不同的问题下往往隐藏着一个共同的东西，就是恐惧，以及由恐惧延伸出来的担忧与焦虑。恐惧是面对危险或威胁时的应激情绪，它往往有明确的对象。担忧往往表现为对某种还没有发生的事情的恐惧性预测；焦虑则是一种混杂着紧张、担忧、惧怕、焦急等的情绪，虽然没有明确的威胁对象，但依然令人感到害怕，也就是说，一个人恐惧不安，但不知道为什么会这样。

恐惧可以是合理的，逃避可以是必要的，人可以合理地使用"恐惧—逃避"机制去追求安全和生存。面对某种现实的威胁，内心产生了恐惧，人就选择逃避，逃到一个安全的地方躲起来，避开危险。例如，在原始人的生活现实里，有来自猛兽的威胁，有自然灾害的威胁，他们的反应就是把生理和心理的一切条件使用到极点，达到逃生的目的。现代人也面对着各样的威胁，包括生存的威胁。例如，人们担心到了老年，身体多病，收入来源不足，就会在年轻的时候勤勉工作，交纳保险，在银行里有所储蓄，以求老来有所保障。这也是合理的恐惧所激发的合理行为，目的是避开老来无依无靠的境况。其实，在人类文明的许多建设性成果背后有一个重要的动因，便是恐惧。

然而，症状的根源也是恐惧。当恐惧变成过度的、非现实的，它就会激发出过度的、不可自止的逃避，这便形成了症状。在症状里，人们意识不到自己在害怕什么，或者以为自己在害怕什么，其实不是；他们也不清楚自己逃往何处，他们以为自己在逃向安全之所，其实可能正奔向死亡之地。

我常常讲的一个故事是《智者救了动物王国》。这个故事说的是一只兔子在一棵芒果树下睡着了，因为一个芒果落地发出的响声而受到惊吓，它以为世界末日来了，便开始奔逃。它一路奔逃，还把这个信以为真的消息传给所有的动物，以至于整个动物王国的动物都开始狂奔起来。后来在智者的帮助下，这些动物了解了事情的真相，停止了奔向毁灭的脚步。它的逃避是出于追求安全和保存生命，而实际上它的行为却会给生命带来危害。考察症状，我们发现其中的本质就是逃避，我们从中看到一个人一路奔逃的过程，这也就是症状形成的过程。

这个故事的启发在于，当人被恐惧所控制，他的奔逃行为看似求生，实为求死。因为过度的恐惧，他把"芒果"想象成"世界末日"，然后开始拼命奔逃。当人在奔逃中时，他们并未真正觉察自己的行为及其背后的动因。而直面心理学的根本之处，就是像智者那样，劝止人们奔逃的脚步，带领他们走回到芒果树下，把臆想中的"世界末日"还原为生活中的"芒果"。

治疗的本质：直面与成长

在人的内心里，有成长的恐惧，也有成长的渴望；前者让人逃避，后者让人直面。逃避的类型有多种，但它们共同的本质是逃避成长。医治的类型有多种，但它们都包括一个本质，就是直面。直面的医治就是让人觉察到成长的渴望，发现和创造成长的条件，从而获得成长。逃避是本能的，直面是觉察的。逃避看起来是容易的，却把人带入成长停滞的状态，让一个人陷入不能成为自己的痛苦中；直面是艰难的，却让人经历不断的成长，最终长成自己。不断的逃避形成症状，直面的医治带来成长。

　　我时而会提到，从事心理咨询这么多年来，我有两大感慨：一是成长何其不易！一个人要经历多少因素的阻碍和伤害，甚至最深的伤害不是来自天灾人祸，不是来自他人，而是来自亲人生命成长的养护者，这真是一个悲哀的事实，也是一个重要的提醒。二是对成长的渴望何其强烈！虽然遭受许多阻碍和伤害，一个人依然有强烈的成长渴望，这渴望哪怕遇到一点光亮、一个缝隙，都要奋力长出苗芽。曾经有一个人被家人带来寻求帮助，因为他放弃太久，逃避太深，以致变得漠然，连生理反应都变得迟缓下来，以至于像一只在土地深处冬眠的虫子。但渐渐地，我的话语像春天的气息一样透进去一点点，终于我感觉到了，在他的内部开始有一点点蠕动，那便是希望的微光。

　　人生成长，是　个遭遇恐惧和突破恐惧的过程。面对恐惧，逃避并非唯一的选择，这里还有一种更好的选择，就是直面。直面，就像是对陌生环境进行探索与开拓；成长，就如同拓展生命土地，把陌生的变成熟悉的，把曾经可怕的变得不再那么可怕。但在尚未探索的前路，还有陌生的领域，仍然让我们害怕，我们需要走向前去，继续探索与开拓。就是这样，我们惧怕而又成长。我们需要合理的恐惧得以生存，我们又需要直面恐惧、突破恐惧才得以成长。这个悖论里隐藏着一个秘密，就是度。

直面并不是鲁莽的行为，其中有审时度势的智慧。直面是一种成熟的、选择意义的态度，这态度会落实到具体的行动中去，而具体的行动往往是循序渐进的。中国人耳熟能详的一个寓言叫"黔驴技穷"，其中含有丰富的直面意义。故事讲的是一只老虎面对一个陌生的庞然大物——驴，最开始，它的心理反应是恐惧，生理反应是立刻逃避。但在老虎的内心里，有一种直面的态度和勇气，它尝试一步一步去接近它的恐惧对象——驴，一点一点去熟悉它，让自己内心的恐惧不断消减，直到克服心理恐惧。西方一位心理学家塞利格曼(Martin Seligman)提出一个词语叫"习得性无助"，说人和动物都会从过去失败的经验里学习，从而得出一个结论：没有办法，因此就不再做任何努力。但是，我这里要提出一个相反的词汇，叫"习得性尝试"，这是人性里（动物也在一定程度上存在）的一种积极倾向。它的动作方式是：虽然过去一次次失败了，但我们会对每一次失败做出反思，从而继续尝试，寻找新的可能性。在这个寓言里，老虎使用的就是一种"习得性尝试"。我相信，人类就是在应用"习得性尝试"的赛程中成长起来的。有许多伟大的故事，讲的是人类"习性性尝试"的经验。"习得性尝试"的本质，也便是直面。

直面的目标是成为自己

直面心理学考察的是人的行为及其背后的动机，它认为问题的根源往往出于人的盲目。症状反映两个基本事实：一是当事人遭遇来自环境的阻碍，一是当事人没有使用自身的资源，因而成长没有发生。这背后有一个原因是：他并不知道。许多伤害他人和伤害自己的事发生了，而且每时每刻依然在发生着。当我们去了解这些伤害背后真正根源时，我们发现，它们不是由于当事人有意作恶，而是由于他们意识不到自己在做什么，以及为什么要那样做。他们的解释与真正的动机并不一致，甚至完全相反。最为普遍的事实是，许多伤害他人的事情之所以发生，是因为施害者认为自己是为他人好。因此，直面之道的第一步，是促成人的觉知，对自我、对他人、对生活有所觉察，发现自己常常意识不到的那些负面的阻碍和势力。

　　直面之道不是把人引向幸福的生活（但不排除幸福），而是引向觉察的生活。实践直面之道，不一定会让人很享受，有时反而会让人相当难受。例如，一个人必须去面对自己的有限性和世界的不确定性，这不会让他太快乐的。因为人生的真相往往不大好看，但这却是我们成长的领域。虚幻的东西很美丽，使人得安慰，却让人逃避了自己。心理症状反映这样一个实质：人逃避合理的受苦，寻求虚幻的自我安慰，逃避到自己的内心体验里，在那里臆造一个不真实的自我，不去面对真实的生活，放弃了成长。当一个人逃避了生活合理的受苦，他便陷入了症状性的受苦。直面之道的每一步，都是促成当事人走出"病"的领域，走出虚幻的自我体验，都是在向真实的领域开拓进取。在真实的领域里，我们看到并且接受这种情况：问题与希望共存，局限与可能性同在。虽然有恐惧，但依然可以面对。

　　在直面心理学看来，症状是心理的牢狱，把人囚禁在那里。直面的治疗，就是向当事人宣告"被掳的得释放"的消息，并且促成他去追求自我解放。在犹太人那里，"释放"这个词的意思是，"使人能够自由自在地成为他希望成为的人"，这也是直面心理学追求的目标。狄德罗曾说："人是生而自由的，但无往而不在枷锁之中。"心理的枷锁可能是发生的某个事件、自身的某种缺陷、头脑里的某些观念，人被囚禁了，走不出来。然而，直面之道提供了一条解放的路：当事件被重新解释，当人理解了自己，他敢于变得真实，他就能够发现自身的力量，突破非成长性的观念的束缚，把自己真正释放出来。这是一种如此具有解放意义的领悟：过去是不可改变的，但可以重新解释它；自己不是完美的，但可以决定改变自己；与其生活在各种"假如"的条件里，不如问自己："在现有的条件下我可以做点什么？"最终，直面之道还是落实在行动上，我们在"做点什么"中经历着改变和成长。

直面即穿越

现在，请你把"黔驴技穷"套入你的生活场景，让自己以老虎的方式去经历一个循序渐进的直面过程。这时你才会明白，直面即穿越，穿越即成长……

问："直面"是什么？
答："直面"是生命成长的行动。

问："直面"怎样行动呢？
答："直面"是一场穿越的行动，在生活环境中发生，在每个人的内心里发生，在一个个的过程里发生。在我们的内心里，有一种成长的渴望，它驱使人们穿越生活的艰难，克服内心的恐惧，坚持成长，最终成为自己。

问：每个人都可以成为自己吗？

答：让每个人成为自己——这是生命创造的意图，也是生命成长的目标，可惜不是普遍的、完全的事实。我们可以说，每一个人都渴望成为自己，但受到各种因素的阻碍，他们不能充分地成为自己，更有许多人成了自己非常不情愿成为的样子。但是，每个人依然在创造与成长的过程中，朝着成为自己的目标趋近。

问：阻碍一个人成为自己的因素是什么呢？

答：其一，环境因素，如一个人在成长过程中遭受的压抑、威胁、伤害等；其二，逃避本能，即一个人感到害怕，会自觉与不自觉地试图逃避。当外在的阻碍因素与内部的逃避本能结合起来，到了过度的地步，就会导致心理症状。从成长的角度来看，所谓症状，就是一个人陷入一种受到阻碍、不得成长的状态。

问："逃避本能"是什么意思？

答："逃避本能"是直面心理学的一个基本概念。直面心理学认为，在人的内部有一个"恐惧—逃避"的反应机制。首先，这是一种合理的求生意向与行为。不管是人还是动物，在感知到某种正在逼近的现实威胁时，都会感

259

到害怕，从而选择逃避求生，甚至是植物，都有保护性的结构设置。但是，当人受到过度刺激时，就会产生过度的恐惧，就会激发出过度的逃避。这时，"恐惧—逃避"机制就会导致一种虚幻的、症状性的行为，其内心动机是求生，其行为目标却是赴死。症状往往是一种慌不择路的行为反应，与生命成长，甚至与保存生命的目的都是背道而驰的。

问：你说到人内心里还有一种"成长渴望"，这是什么意思？

答："成长渴望"是直面心理学的另一个基本概念。生命的本质是成长，成长的目标是成为自己。霍妮（Karen Horney）曾经做过一个比喻：一颗橡树的种子含有一个渴望，用一句话来说就是：我要长成一棵高大的橡树！同样，每个人在内心里都有这样一个渴望：我要成为自己！这是生命内部的基本话语，我把它称为"成长渴望"，它是生命成长的内在动力。

问：在直面心理学看来，症状的本质是什么？

答：我前面讲到生命内部有两个基本倾向：一是"逃避的本能"，一是"成长的渴望"，它们都有很强的动机的力量。我们可以这样说，人生的过程就是二者之间的不断争战，我们成为怎样的人，过怎样的生活，就是这争战的结果。生命成长的条件是，我们内心的"成长渴望"战胜了"逃避本能"，在生活中选择直面，从而获得成长。症状发生的根源是，当一个人遇到环境因素的阻碍，如发生的负面事件，来自他人的威胁与伤害时，他顺从于内心的逃避本能，过度使用"恐惧—逃避"的反应机制，一路逃避成长，以至于陷入不得成长的状态，这就是症状。

问：在直面心理学看来，治疗的本质是什么？

答：症状的根源是逃避，治疗的本质就是直面。如果我们说，"成长渴望"是内在的动力，而成长的道路就是直面，直面的治疗就是帮助人通过直面生命的艰难和内心的恐惧，从而获得成长。直面心理治疗的中心话语就是：人要成长，必须直面。考察各种心理治疗学派，方法各有不同，但本质却是相通的：直面。考察生命成长，我们发现，人生本来就是一个直面恐惧、获得成长的过程。体味一下幼儿蹒跚学步的情景，我们每个人都曾经历这样的感受和过程，内心有害怕，也有渴望，有逃避的倾向，也有直面的意愿。因为有母亲的爱在后面支持，因为有父亲在前面召唤，我们终于向前移动了一步又一步，尝试了一次又一次，最终做到了。这个情景，便是人生的缩影。在整个人生历程中，我们面对环境的各种威胁，内心产生各样的恐惧，我们会逃避，但我们也经历了一次次的直面——在直面的经验里，我们发展出直面的能力；通过多次的直面行动，我们实现了自我的成长，越来越成为自己。

问："直面方法"的操作原理是什么？

答：如同父母引导幼儿学步，直面治疗师用关爱、耐心、扶持、激励来推动和协助当事人完成一个直面与成长的过程。直面方法的操作原理，用一句话来说便是："来，你可以做到。"我们对人有深切的体谅，我们知道直面不易，知道成长不易；知道人内心里有恐惧，环境中有阻碍；知道人内心里那逃避的本能在对他说话，甚至在过去的经验里形成了习惯性的逃避，发展出一种"习得性失助"的生活风格。但我们依然鼓励一个人去不断尝试："再来一次，你可以做到。"当人逃避到树林里时，我们一遍遍呼唤他出来直面。直面的医治者会陪伴当事人，帮助他获得觉察，调用生命的资源，建立直面的态度，采用直面的方式，突破各种遮蔽的因素，穿越生活中的艰难和内心的恐惧，获得真正的成长。

问：在任何时候和任何情况下，我们只能直面，不能逃避吗？

答：人生有直面，也有逃避。直面里留有逃避的空间，逃避里蕴含直面的力量。这便是阴与阳的道理吧。学会判断与选择，在什么时候直面，什么时候躲避，什么情况下直面，什么情况下逃避，这些都是直面的智慧。举一个简单的例子：如果遇到一只老虎，而你又不是武松，赶快逃避，不要直面。如果发生地震，你只有20秒的逃生时间，赶快逃避，不要直面。这些都是合理的逃避。但直面心理学的"直面"，是针对虚幻、过度的恐惧与逃避而言。直面心理学的"直面"，是量力而行，不是自我强迫；是循序渐进，不是鲁莽行事。有时候，因为势单力薄，我们不能做到直面，甚至不得已选择逃避，我们可以待时而动。有时候，因为心里太害怕，我们也不能做到直面，我们可以停留一下，不要强迫自己直面恐怖的对象。但不管怎样，非常关键的是，我们需要从内心建立一种直面的态度。

问：直面会给我们的人生带来成功吗？

答：看我们怎样理解成功。如果成功的意思是指拥有更多的物质，获得更高的权力，赢得更大的名声，那直面不见得就会导致这样的成功。有时候，直面不但不能让我们在现实生活中更多得益，反而可能让我们牺牲许多现实的利益。有时候，逃避会让我们在这些方面获得更大的成功。直面让人成长，但不一定让人成功；逃避让人成功，但不一定让人成长。精神分析学中有一个词语，叫"因病获益"，似乎获益了，却为这个"益"付出了代价——"病"，亦即，生命成长停滞了。直面也需要付出代价，但这代价却是值得的，因为那是生命成长的一部分。直面心理学关注的是"存在"，而不只是"生存"。"生存"是活着，"存在"是活出生命的品质。我们也可以说，"生存"是"存在"的基础，但是，当我们过于关注"生存"，很可能损害"存在"的品质。我曾跟一群大学生谈话，有人对我说，社会是不公平的，我们只能适应，并且，他们用生物学的知识证明，不能适应的物种在过去的年代里就已经灭绝了。但在直面心理学看来，适应会带来生存，但存在则需要创造。直面讲适应，更讲创造。

问：直面会让我们过上快乐的生活吗？

答：不管是直面还是逃避，其中都有快乐和痛苦，但其性质和价值并不相同。逃避让人在本能的层面上享受快乐，却因为不能获得成长、不能成为自己而感到痛苦；直面让人去面对生活中的艰难和内心里的恐惧，这似乎是痛苦的，却给人带来成长和成为自己的快乐。说起来可能会显得过于简化：逃避是甜而苦，直面是苦而甜。从更深的意义上来说，直面追求的不是快乐的生活（但不排斥快乐），而是觉察的生活、创造性的生活。正如存在主义心理学所说的那样：不觉察的生活，是不值得过的生活。有了觉察，才会创造，创造里有痛苦，也有快乐。

问：请你用一个案例来具体说明直面的过程，好吗？

答：好。这样的案例很多，情况各有不同。我讲一个人们耳熟能详的寓言，叫黔驴技穷，这是一个直面恐惧、战胜恐惧的原型故事，它反映的就是一个直面的过程。

故事发生在中国南方的黔地。黔地本来没有驴，有一个人从北方运来一头驴。当地人不知道这个动物有什么用处，就把它放到山里去了。就这样，驴每天无忧无虑地在山坡上吃草。

一天，有一只老虎从这里路过，看到这样一个庞然大物，以为遇到了传说中食虎的神兽，惊恐万状地逃奔而去。

老虎逃进树林，见驴并没有追来，心里才稍稍平静下来。但老虎还是不放心，便小心翼翼走到树林边缘，偷偷打量在草坡上低头吃草的驴，却不敢靠近。

后来，老虎壮着胆了走到驴吃草的山坡上，在驴的周围窥视。突然，驴大叫起来，雷鸣般的声音让整个山谷都震颤起来。老虎以为驴这下子要来吃它，惊恐之下，赶忙逃窜，遁入林间，心里惶惶然。但驴并没有追赶而来。

又过了一阵儿，老虎鼓足勇气走出树林，在山坡上转来转去，而驴仍在吃草，对老虎的存在毫不理会。老虎在那里打量来打量去，始终看不出驴有什么特别的本领。但驴时而发出鸣叫，依然让它心慌，几乎忍不住要撒腿逃掉。

老虎在驴吃草的山坡上走来走去，时间久了，渐渐习惯了驴的叫声，但还是缺少足够的勇气上前跟驴搏斗。

然而，老虎越来越敢于靠近驴，再靠近一点，并且终于大着胆子接触驴的身体，又故意挤一挤、撞一撞，不断地试探驴，看它会做出怎样的反应。

老虎一再冒犯，终于把埋头吃草的驴惹火了——只见它抬起后腿，弹了这个讨厌的家伙一蹄子。见此，老虎大喜过望："原来你的本领不过如此呀！"随即跳上驴背，把这个一直让它恐惧不已的家伙变成了一顿美餐。

问：为什么你说"黔驴技穷"里有直面的意味呢？

答：这个寓言含有丰富的治疗意义，可以启发我们去理解人类的惧怕心理，以及学习怎样面对恐惧、克服恐惧。心理症状的背后往往是恐惧，直面的治疗就是帮助当事人觉察恐惧，了解恐惧，经历恐惧，克服恐惧。

下面是我给求助者布置的一篇作业，目的便是让求助者穿越恐惧。

1.恐惧是人生不可避免的，每一个人在生活中都会遇到恐怖的对象，可以是一件事情、一个人、一种环境、一项任务，那情景正如同老虎在山坡上跟驴不期而遇。你生活中的"驴"是什么？

2.当你遭遇陌生的人、事、环境，你会感到害怕，这时，你会经历这样一种心理过程：把陌生的对象"巨大化"，即把对方想象得异常巨大而恐怖；把自己"矮小化"，即看自己十分渺小和无能为力；把事情的结果"灾难化"，即如老虎想象驴会来吃掉自己。现在请你检验一下，当你面对生活中"驴"的时候，你有没有像老虎那样把"驴"看得过分高大？而把自己看得过于弱小？把结果看得过于可怕？

3.因为害怕，我们会选择逃避，就像老虎遇到驴时忍不住逃避一样。但直面的意思是，即使在逃避之中，我们也可以提醒自己：不要一逃了之，不要躲起来不再露面，那样我们就会更加害怕。想象一下，如果老虎逃开之后，从此躲藏在树林里不再出来，从此逃离这个地方不再回来，驴会成为它内心里永远无法克服的恐惧对象。这给我们几点启发：（1）我们可以害怕，可以逃避，但也可以停一下，提醒自己回头看一看：我们在逃避什么？（2）我们可以像老虎一样躲进"树林"，但也可以鼓励自己走出树林，尝试去接近害怕的对象；（3）我们不要让自己一下子跳到惧怕的对象面前，但可以一步一步接近它、一次一次接近它，从各个角度观察它，一点一点熟悉它，直到克服对它的恐惧，最终战胜它。现在看看，你在害怕什么？你在逃避什么？如果你正躲藏在"树林"里，要不要走出来朝四周观望一下？看一眼那个让你害怕的对象，并且尝试接近它？

4. 再强调一遍：你可以尝试去面对自己害怕的对象，但不必强迫自己一下子做到，尝试一下，再尝试一下，一点一点进行。老虎害怕驴，但允许自己逃避，逃避了几次，又重新回来，一次又一次把自己暴露在驴的面前，也让自己暴露在内心的恐惧面前。这就是直面。正是在这个过程里，老虎对驴的恐惧在慢慢消减。

5. 直面是一个循序渐进的过程，要完成这个过程，不仅需要勇气，还需要智慧、耐心、信心、意志以及心灵的力量。保罗·霍克（Paul Hauck）建议："当你试图克服恐惧的时候，不要一下子冲过去直面一切，没有比这更糟糕的做法，这种做法的破坏性很大，效果会与你所预想的完全相反，使你原来的恐惧增大十倍。最好的办法是与恐惧的对象保持一点距离，一步一步循序渐进地接近它、直面它。在这样做的过程中，你会对某种你害怕的处境变得越来越适应。"这种方式，正是老虎的方式！这种态度，正是老虎的态度！

6. 相信这一点：你正在遭遇的恐惧对象往往并不像你想象得那样可怕，每个人都可以像老虎一样去接近它，与它相处，熟悉它，最后战胜它。当你在经历这个过程时，你就在直面，你就在成长。现在，请你把"黔驴技穷"套入你的生活场景，让自己以老虎的方式去经历一个循序渐进的直面过程。这时你才会明白，直面即穿越，穿越即成长。

直面的意义

　　一个人之所以发展出心理症状，往往不是因为他缺乏生命的潜能和生活的资源，也不是因为他较少遭遇人生的挫折与伤害，而是他在遇到各种挫折与损害的时候，缺乏一种挑战和拒绝的勇气与行动……

鲁迅与直面

　　"直面"一词，来自鲁迅之口："真的猛士，敢于直面惨淡的人生，敢于正视淋漓的鲜血。"直面思考的文化根源，也是鲁迅的文学创作与文化心理学思想。鲁迅考察中国的文化心理与性格，有一个根本的发现：封建专制的压抑、异族的奴役、改朝换代的战乱，形成了中国人根深蒂固的逃避心理。其基本表现如：不敢面对人生的真相，不能正视自己的弱点，妥协、卑怯、自欺、盲目自大，追求虚假的自我安慰，等等。阿Q性格的本质，就是一种精神胜利法，代表着一种心理的、精神上的逃避。当年，鲁迅"走异路，逃异地，去寻求别样的人们"，在西方文化里找到"精神界之战士"，视之为改良中国人逃避性格的药方。鲁迅还从中国传统文化中发现被他称为"中国的脊梁"的人，他们都具有这种直面精神。在我看来，不管是"真的猛士"，还是"精神界之战士"，还是"中国的脊梁"，他们的人格中都体现出了一种直面精神，可称之为"直面人格"。"直面"是鲁迅思想的根本，是鲁迅寻找的一条精神改良之路，是鲁迅为中国人获得医治和成长而开出的一剂"猛药"。"直面"集中体现了鲁迅的思想对中国的意义。

这些年来，沿着鲁迅的思想轨迹，我在心理咨询的实践里，探索与发现了一种普遍而根本的"逃避与直面"的心理现象，其基本点是：心理症状的本质就是逃避，而心理成长的奥秘就是直面。人生是一个面对恐惧和处理恐惧的过程，每个人都要在这个生命过程中面对各种各样的恐惧，每个人都必须选择自己的态度和方式去处理它们，是选择逃避还是选择直面，这是生命成长的根本问题。我们每时每刻都在选择里，选择的结果不断塑造着我们，我们成为什么样的人，过怎样的生活，就看我们怎样做出选择。

下面我从心理治疗的角度来阐释一下"直面"的意义。

直面是挑战

韩国的心理治疗专家沈相权博士曾经问我："'直面'是不是'对抗'？"我说是的，但不止于此。后来，金仁哲博士跟我交谈，提到一个词，叫"勇于挑战"（courage to challenge），这反映的是"直面"的一个本质。鲁迅有两句诗，"横眉冷对千夫指，俯首甘为孺子牛"，对理解"直面"非常重要。第一句诗的意思是勇于挑战，敢于抗拒，能够坚持自己，其中反映出一种抗俗的精神；第二句诗讲的是爱，讲的是关系，其中透露出一种谦逊的态度和献身的精神。这两层意思构成了"直面"的基本内涵。

从一个人出生之日起，他就进入了一个成长的文化环境，其中有各种因素对他产生影响，包括好的因素和不好的因素。成长的意思是，一个人跟这些因素发生互动。面对好的因素，他需要与之建立关系，把它们变成成长的资源；面对不好的因素，他需要发展出一种抗拒的能力，敢于与之断绝关系。"直面"的意思首先是，遭遇阻碍和伤害的因素，敢于抵抗，敢于拒绝，敢于对负面因素或势力说"不"，敢于坚持自己，最终才能成为自己。"逃避"的意思则是，一个人在生活中不能做到有效拒绝和抵抗，以至于受到各种因素的压抑和伤害，他就不能获得真正的成长。

在从事心理咨询的实践中，我发现一个最普遍的情况是：一个人之所以发展出心理症状，往往不是因为他缺乏生命的潜能和生活的资源，也不是因为他较少遭遇人生的挫折与伤害，而是他在遇到各种的挫折与伤害时，缺乏一种挑战和拒绝的勇气与行动。他的欲求很强，自我却很弱；他很想成为自己，却不能确认自己，更不能坚持自己；他看到太多的困难，体验过多的恐惧，感受太多的无助，却看不到自身的潜能和资源，也不敢充分使用这些潜能和资源。人生是一场为了成为自己而进行的战斗，一个人在用怎样的态度和方式（是直面还是逃避）与环境因素发生互动，这决定着他将过怎样的生活，成为怎样的人。直面治疗的根本是帮助一个人发展一种挑战能力，敢于对抗和拒绝一切贬抑人、伤害人的因素和势力，坚持成长，最终长成自己。

直面是关系

"直面"并不只是"横眉冷对千夫指"，并不是要把人们变成一个个"怒目金刚"。"直面"还有温爱柔情的一面，就是"俯首甘为孺子牛"。如果说"横眉冷对千夫指"是阳，"俯首甘为孺子牛"则是阴，"直面"是刚柔相济、阴阳相守。我们前面讲到"直面"的一维，即"拒绝"，现在我们再来讲"直面"的另一维，即"关系"。

"直面"是一种具有成长意义的关系。人是关系的存在，在关系里，有生存和成长的丰富资源。考察症状的根源，使我们看到了关系的受损。一个人因为在关系里遭受伤害，使他发展出一种伤害性的关系。症状的本质之一，就是关系受损。心理障碍往往表现为一个人跟自己建立了伤害性的关系——他不断折磨自己；人格障碍往往反映一个人跟他人建立了伤害性的关系——他不断折磨别人。症状的另一个本质，就是关系中断。当一个人陷入症状，他跟他人、跟世界的关系就变得薄弱，变得单一，甚至中断了。这时他处于一种孤立的状态里，他内在的潜能受到了压抑，生活的资源变得枯竭，他的成长进程就停滞下来了。

"直面"具有治疗的意义，这表现为，它是一种信任而开放的关系，一种真实而坦诚的关系，一种直接的、面对面的相遇，双方互相展示自己的内心世界，共同寻求医治与更新。这种关系在咨询室里发生，在求助者与治疗师之间发生。我们可以说，直面的治疗是关系的治疗。它是促进对方成长的关系，而不是刺激对方依赖的关系。直面的治疗，邀请陷入孤立的当事人走进关系，用真实的自我与咨询师发生互动，从而恢复和重建生活中的各种关系，发展建立关系的能力，形成有利于成长的生活风格，获得真正的成长。

直面是真实

生命的本质是成长，成长的目标是成为自己——不是虚妄的自己，而是真实的自己。然而在生活中，在心理咨询的经验里，我们看到许多人不能成为真正的自己，其中很重要的一个原因是：人不敢真实。如果我们透过症状去看人，就会看到人的过度防御，看到人的面具，看到人在各种的伪装里离真实的自己越来越远。

"直面"是真实，是具有治疗意义的。当我们了解了症状的本质，就会赞同卡尔·罗杰斯的话：心理咨询的目标就是让人"从面具后面走出来"，"活出真实的自己"。也会赞同陶行知的话："千教万教，教人求真；千学万学，学做真人。"直面治疗的核心是：真实才有力量！因而，直面强调，治疗师以自我的真实去呼唤对方真实的自我。我们相信，一个戴面具的治疗师，不能帮助一个躲在面具后面的当事人去解释他自己。

"直面"是真实，也是有文化的意义。前文提到，"直面"一词源自鲁迅的"真的猛士，敢于直面惨淡的人生，敢于正视淋漓的鲜血"。这句诗的第一个字就是"真"，"真"是"直面"的本质，只有具有"真实"品质的"猛士"，才敢于直面惨淡的人生。在鲁迅的创作里，阿 Q 性格的本质就是逃避真实，他用精神胜利法安慰自己、麻醉自己，逃避生活的真相和内心的苦痛。阿 Q 想做英雄，但因为不真，不但不能成为一个"真的猛士"，反而失去了存在的意义。鲁迅考察发现，我们文化的最大悲哀在于对真实的压制，这就导致了"诚"与"信"的缺乏，"哄"与"骗"的盛行。因此，文化的更新也是直面治疗的目标。

直面是觉察

"直面"是觉察，觉察也是直面治疗的根本。当我们对人有所觉察，对症状有所觉察时，我们就开始发现，在很多时候，人生活在盲目里，很多在人们眼中被视为"恶"的事，不是出于"恶"本身，而是出自"盲目"。症状的本质便是盲目，它源自人性的盲目。这种盲目，用西方的说法就是，"他们所做的他们不知道"。在直面治疗的考察里，症状的内在根由，是人内心里长期累积、未加处理的创伤经验，这是恐惧或不安的源头，驱使人在现实生活中采用各样的方式逃避，或防御，或退缩，或拼命工作，或追求完美，所有这一切，都在潜意识里进行，人不知道自己行为背后的动机。

因此，直面治疗的根本，是促成当事人获得觉察，包括对自身的觉察，对症状的觉察，对他人的觉察，对世界的觉察。具体来说，直面的治疗会帮助当事人了解他的恐惧及其根源，了解他害怕什么，为什么害怕；了解他在逃避什么，为什么要逃避，要逃到什么地方去；了解"世界末日"是真的事实，还是他头脑里的恐惧幻象，以及产生这种幻象的内在根由和现实原因，等等。当事人获得觉察，看到症状的本质，就会中止逃避的脚步，转而走上直面的道路。

直面治疗的目标，是让人过觉察的生活。这种觉察包括：知道自己是谁，知道自己在做什么；知道自己从哪里来，要到哪里去，为什么要到那里去；知道我们现在走到了哪里，离追求的目标还有多远；知道生命的本质和生活的根本；知道人不可能完美，知道世界没有绝对的保障；知道受苦是不可避免的，但人可以选择为意义而受苦，在受苦中发现意义；知道生命是有限的，但人依然可以活出存在的价值，等等。当我们获得这样的觉察，我们就为自己建立一个存在的基础，就可以有意识地去创造自己的生活。

直面是穿越

一个人获得觉察，但还没有真正实现"直面"。直面的治疗必须落实在促成当事人的行动之中，这个行动我们称为穿越。

当我们诚实地面对自己，会发现自己是有限的；当我

们诚实地面对生活，会发现生活是艰难的。这是人生两个
最基本的既定条件，每个人都在这两个条件下生活，经历
自己的有限与生活的艰难，从而获得成长。面对生活的艰
难，每一个人都有两个选择：或绕道而行，或穿越而过。
绕道而行是逃避，它的结果是症状；穿越而过是直面，它
的目标是成长。

直面的治疗强调穿越的能力，它体现在两个方面：一
是对生活艰难的穿越，二是对内心恐惧的穿越。生活中那
些让我们感到害怕和难受的人、事物、场景，构成人生旅
途中的艰难地带。成长中的创伤经验在我们内心里聚集起
来，形成我们内心里的恐惧长廊。症状反映的外面情景是：
人回避生活中的艰难地带；症状反映的内在光景是：人回
避内心的恐惧长廊。直面的治疗，就是帮助当事人实现双
重穿越：穿越人生的艰难地带，穿越内心的恐惧长廊。

直面是超越

"直面"具有超越的意义，这首先来自我们对心理症
状的理解。症状是一种心理封闭的状态，反映一个人陷入
一种隔离的、局限的自我体验里。在这个状态里，他只看
到事件的注定性，看不到生活的可能性；只看到自我，看
不到关系。他被伤害性的情绪所困，把自己的情感世界封
闭起来了；他的认知是非理性的、褊狭的；他的关注是琐

碎的、片面的；他的心灵阻塞了，看不到爱，看不到意义，充满了不快乐、无价值的感受。直面的治疗强调超越，就是帮助当事人从事件、情绪、观念、心灵的囚牢里解放自己。直面的治疗者，如同鲁迅所描绘的神话英雄，要"肩起黑暗的闸门"，解救囚禁在地牢的人们，"放他们到宽阔光明的地方去"。

"直面"的超越意义还源自我们对治疗的理解：心理问题并不一定是要消除的，它常常是可以被超越的。在直面心理学看来，症状并不是一个具体的东西，而是一种体验、一种态度、一个象征。当一个人的生活中出现某个"异常"，他对之过度关注，长期关注，他就在把"异常"发展成一种"症状"。说症状是一种态度，其中反映当事人这样的看法：症状是强大的，我是弱小的；症状太可怕了，我害怕；症状控制了我，我没有办法。说直面的治疗是态度的治疗，体现在这样一句话上：在接受心理咨询之前，症状大于你；在接受心理咨询之后，你大于症状。直面的治疗就是让你经历一个过程，在其中长"大"。直面的治疗，就是把这句话语变成当事人的超越态度，让他发现：原来我大于症状。

"直面"的超越意义还表现在帮助当事人发现生活的意义。症状显示出的一个深层问题是：当事人生活在表面，

279

失去了存在的根基；当事人被自己的情绪所困，看不到生活中的可能性；当事人面对生活的艰难，只想躲避它们，却不愿经历苦难，从中发现意义。直面的治疗也是深度的治疗，其体现为帮助当事人追寻生命的意义，从而超越生活的境遇；帮助当事人过有热情和梦想的生活，从而摆脱现实的羁绊；帮助当事人脱离心理的困扰，获得心灵的自由；帮助当事人放弃被动的生活，成为生活的创造者。

直面是中国本土的心理疗法

在中国文化背景中从事心理咨询，我们总结实践经验，进行理论思考，吸收本民族的文化资源，借鉴西方心理学思想，正在探索和发展一套中国人自己的心理治疗理论方法。我们的基本理解是：症状的根源是恐惧与逃避，医治的本质是直面与成长。现在，我们终于可以鼓足勇气，说出一个独特的名字——直面疗法。

在探索和发展直面疗法的路上，我们得到许多同行的理解、鼓励与支持。

2007 年，南京直面心理咨询研究所联合韩国专门心理治疗院、中国香港辅导与调解机构在南京举办心理咨询与治疗研讨会，我接到陈心洁博士的来信，信中的一段话令人颇受鼓舞：

三年多前，因为机缘巧合，我来直面心理咨询中心观摩和做辅导培训，认识了直面的创办人——王学富和孙文，被他们的热诚和抱负所感动。回到富勒心理学院，我向我当时的导师杜爱文分享在直面的收获，引起他对"直面心理"的强烈兴趣，自此与直面结下不解之缘。在美国，我们谈到许多关于如何把心理治疗与本土文化的结合，而直面是我们在东方发现的一颗宝石，闪烁着非凡的哲理和执着，让我们看到了实现中国心理学的希望。

　　王学富对中国现代文学有着深厚的基础，因此，他看心理治疗的角度不为西方的文化所拘束，而更能自由地发挥他从鲁迅文学里所悟出的"直面方法"。未来，我希望有更多的合格的、资深的辅导员能从直面诞生，并且怀着一颗热爱祖国文化的心，不因惧于西方心理学的强势而削足适履，把中国人的优秀传统与智能遗留在辅导室之外。

　　直面心理学方法的探索，也得到西方存在主义心理学家如霍夫曼、孟德洛维兹、施奈德、塞琳等的鼓励与支持。目前，他们正在通过美国的存在—人本心理学刊物介绍这个来自中国的直面心理学理念与方法。

　　在国内，我们更得到心理学界同行和前辈的鼓励与支持。王国荣博士很早就对探索直面方法的文章有所关注，称"直面方法"是最具中国本土性质的心理疗法之一。

2010 年在南京召开的第一届存在主义心理学国际大会上，来自北京师范大学的郑日昌教授把"直面疗法"称为在中国最有资格被称为流派的心理疗法之一。

这些鼓励的话语和支持的行为，都激励着我继续探索直面的意义，发展直面的方法，让中国人得益，也让世界心理学界听到来自中国的声音。